Rheinisch-Westfälisches Institut für Wirtschaftsforschung Essen

Präsident:

Universitätsprofessor
Dr. Dr. h. c. Th. Wessels

Stellvertretende Präsidenten:

Dr. Gotthard Frhr. v. Falkenhausen

Hauptgeschäftsführer i. R.
Dr. H. Herker

Hauptgeschäftsführer
Dr. H. W. Köhler

Hauptgeschäftsführer
Dr. H. Reintges

Oberstadtdirektor Dr. Kh. Rewoldt

Direktor H.-J. Sendler

Wissenschaftlicher Direktor:

Universitätsprofessor Dr. W. Bauer

Geschäftsführender Direktor:

Dr. G. Winkelmeyer

Verwaltungsrat:

Universitätsprofessor Dr. Dr. h. c. F. Baade, Direktor des Forschungsinstituts für Wirtschaftsfragen der Entwicklungsländer, Bonn

Lt. Ministerialrat R. Baumgarten, Kultusministerium Nordrhein-Westfalen, Düsseldorf

F. Bender, Vorsitzender des Westdeutschen Handwerkskammertages, Düsseldorf

Direktor Dr. h. c. F. Butschkau, Düsseldorf

Präsident E. Fessler, Landeszentralbank Nordrhein-Westfalen, Düsseldorf

Ministerialdirigent H. A. Giesen, Finanzministerium Nordrhein-Westfalen, Düsseldorf

Universitätsprofessor Dr. F. Grosse, Essen

Bankier R. Groth, Mitglied des Vorstandes der Vereinigung von Banken und Bankiers in Rheinland und Westfalen e. V., Köln

Staatssekretär Professor Dr. F. Halstenberg, Chef der Staatskanzlei beim Ministerpräsidenten des Landes Nordrhein-Westfalen, Düsseldorf

Universitätsprofessor Dr. F. W. Hardach, Essen

Dr. H. Keunecke, Hauptgeschäftsführer der Industrie- und Handelskammer, Dortmund

Oberbergrat a. D. Th. Keyser, Essen

Bergwerksdirektor a. D. Dr. L. Kluitmann, Mülheim (Ruhr)

Staatsminister a. D. Dr. H. Koch, Dortmund

Lt. Ministerialrat Dr. G. Paschke, Ministerium für Wirtschaft, Mittelstand und Verkehr Nordrhein-Westfalen, Düsseldorf

Generaldirektor H. Schelberger, Vorsitzender des Vorstandes der Ruhrgas AG, Essen

Direktor Alfred E. Schulz, Hösel

Stadtdirektor a. D. Dr. H. Spitznas, Hauptgeschäftsführer der Industrie- und Handelskammer, Essen

Generaldirektor a. D. Dr. A. Steiger, Münster

Staatssekretär a. D. Franz Tillmann, Hauptgeschäftsführer der Industrie- und Handelskammer, Düsseldorf

Schriftleitung:
Dr. W. Lamberts

WILHELMINE STÜRMER

Die Vorausschätzung von Brancheninvestitionen mit Faktor-Output-Relationen

SCHRIFTENREIHE DES RHEINISCH-WESTFÄLISCHEN
INSTITUTS FÜR WIRTSCHAFTSFORSCHUNG ESSEN

NEUE FOLGE HEFT 28

Die Vorausschätzung von Brancheninvestitionen mit Faktor-Output-Relationen

Von Wilhelmine Stürmer

Duncker & Humblot · Berlin

Alle Rechte vorbehalten
© 1968 Duncker & Humblot, Berlin 41
Gedruckt 1968 bei Berliner Buchdruckerei Union GmbH., Berlin 61
Printed in Germany

Vorwort

Die vorliegende Arbeit knüpft an einen Forschungsauftrag an, den die Hohe Behörde der Europäischen Gemeinschaft für Kohle und Stahl dem Rheinisch-Westfälischen Institut für Wirtschaftsforschung im Jahre 1965 erteilte. Im Rahmen dieses Auftrages, der in der von Dr. W. Lamberts geleiteten Strukturabteilung des Instituts bearbeitet wurde, sollte eine Methode zur langfristigen Vorausschätzung von Brancheninvestitionen entwickelt und am Beispiel des Maschinenbaus der Bundesrepublik dargestellt werden.

In der für den Auftrag zur Verfügung stehenden Zeit konnten indes nicht alle im Laufe der Untersuchung auftauchenden methodischen Probleme erörtert werden. Eine eingehende Untersuchung der bei der Konstruktion des Prognosemodells und bei der Aufbereitung der Daten getroffenen Annahmen und ihrer Auswirkungen auf das Schätzergebnis mußte vielmehr in einer gesonderten Arbeit erfolgen. Die Einzelheiten dieser Untersuchung werden hiermit vorgelegt. Eine ausführliche Behandlung der methodischen Probleme erschien uns vor allem deshalb notwendig, weil die für den Maschinenbau entwickelte Investitionsvorausschätzungsmethode generell für alle Branchen Anwendung finden soll.

Essen, im Juni 1968

                              Rheinisch-Westfälisches Institut
                              für Wirtschaftsforschung

                              Prof. Dr. Dr. h. c. Th. Wessels

Inhalt

Einleitung 11

Erstes Kapitel

Das Investitionsprognosemodell

A. Das Instrumentarium 16
B. Ökonomische Abgrenzung der modellendogenen Variablen 20
    1. Die Produktion 21
    2. Der Arbeitseinsatz 22
    3. Der Kapitaleinsatz 22

Zweites Kapitel

Anwendung des Modells auf den Maschinenbau der Bundesrepublik

A. Abgrenzung des Untersuchungsobjekts 25
B. Die empirischen Ausgangsdaten 26
    1. Die Nettoproduktion des Maschinenbaus 27
    2. Der Arbeitseinsatz des Maschinenbaus 30
    3. Der Kapitaleinsatz des Maschinenbaus 31
        a) Die Erfassung der Bruttoinvestitionen 31
        b) Die Schätzung der ökonomischen Lebensdauer 34
            aa) Der Lebensdaueransatz für Maschinen 35
            bb) Der Lebensdaueransatz für Bauten 36
            cc) Der Lebensdaueransatz für Werkzeuge, Fahrzeuge etc. 37
        c) Die Berücksichtigung von Kriegszerstörungen und Demontagen in der Kapitalbestandsrechnung 38
    4. Die Vergleichbarkeit der Ausgangsdaten 39

C. Die ex post-Analyse als Grundlage der Projektion 42

    1. Analyse des Maschinenbaus insgesamt 43

        a) Der Einfluß von Strukturverschiebungen innerhalb der Produktion auf die Koeffizientenentwicklung 43

        b) Der Einfluß des technischen Fortschritts auf die Koeffizientenentwicklung 47

        c) Der Einfluß der Substitution auf die Koeffizientenentwicklung 49

    2. Analyse der Fachzweige des Maschinenbaus 52

        a) Die Niveaudifferenzierung 52

            aa) Betriebsgrößenstruktur und Koeffizientenniveau 52

            bb) Wettbewerbsintensität und Koeffizientenniveau 54

            cc) Fertigungsverfahren und Koeffizientenniveau 57

        b) Die unterschiedliche Koeffizientenentwicklung 58

            aa) Sachliche Erklärung 60

            bb) Formale Erklärung: Technischer Fortschritt und Substitution 62

D. Generalisierende Formulierung der zukunftsrelevanten Entwicklungstrends der Koeffizienten 67

E. Projektion der Bruttoinvestitionen des Maschinenbaus bis zum Jahre 1970 71

    1. Schätzung der Ersatzinvestitionen 72

    2. Schätzung der Nettoinvestitionen 73

Drittes Kapitel

Die Sensitivität des Investitionsprognosemodells

A. Der Einfluß von Fehlspezifikationen des Investitionsprognosemodells auf die Investitionsvorausschätzungen 78

    1. Der Einfluß unrealistischer Modellannahmen auf die Schätzung der Ersatzinvestitionen 79

    2. Der Einfluß unrealistischer Modellannahmen auf die Schätzung der Nettoinvestitionen 80

B. Der Einfluß von Beobachtungsfehlern auf die Investitionsvorausschätzungen.... 86

    1. Die Abhängigkeit der Ersatzinvestitionen vom Lebensdaueransatz 86

    2. Die Abhängigkeit der Nettoinvestitionen vom Lebensdaueransatz 89

C. Der Einfluß der Anwendung von Näherungsverfahren auf die Investitionsvorausschätzungen 94

D. Der Einfluß von Rundungsfehlern auf die Investitionsvorausschätzungen 97

Schlußbetrachtung 98
Tabellenanhang 101
Literaturverzeichnis 110

Einleitung

Die Investitionstätigkeit der privaten und öffentlichen Wirtschaft ist seit langem Gegenstand der theoretischen und empirischen Wirtschaftsforschung. Richtete sich das Augenmerk zunächst in erster Linie auf die theoretische Erforschung der Kausalfaktoren des Investitionsverhaltens, so kam später mehr und mehr der Versuch hinzu, diese Theorien empirisch zu überprüfen und aus zukunftsweisenden Indikatoren der Vergangenheit die zukünftige Entwicklung abzuleiten. Die „Erklärung" des Investitionsverhaltens — bis dahin überwiegend Gegenstand der reinen Theorie — trat damit immer mehr in den Dienst von Projektion und Wirtschaftspolitik.

Anstoß zu den Bemühungen einer Investitionsvorausschau waren die besonders starken zyklischen Schwankungen der privaten Investitionen. Kurzfristige Projektionen standen deshalb zunächst im Vordergrund. Die richtige Beurteilung kurzfristiger Entwicklungen setzt jedoch die Kenntnis der Entwicklung auf lange Sicht voraus, zumal dann, wenn es sich um Entscheidungen handelt, die weit in die Zukunft greifen. Dies gilt insbesondere für Investitionen, die durch ihren Kapazitätseffekt das Produktionspotential der Zukunft bestimmen. „Langfristige Projektionen sind notwendig als Ergänzung der kurz- und mittelfristigen Vorhersagen und als Grundlage für wirtschaftspolitische Entscheidungen, die weit in die Zukunft reichen[1]."

Mit der Notwendigkeit von Wirtschaftsprognosen stellt sich jedoch gleichzeitig das Problem der prinzipiellen Unvorhersehbarkeit der Zukunft und damit die Frage, welche Bedeutung unter diesem Gesichtspunkt überhaupt einer ökonomischen Prognose — und speziell der Investitionsvorausschätzung — beigemessen werden kann.

Eine Aussage über das ungewisse ökonomische Geschehen der Zukunft kann prinzipiell nur unter gewissen Annahmen getroffen werden, wenn sie mehr als bloße Prophetie sein soll. „In erster Linie interessieren daher die Fragen nach dem Inhalt der Voraussetzungen und nach der Art der Ableitung der Prognose. Der numerische Inhalt der Prognose kann erst in letzter Stelle interessieren. In der Hauptsache sind die Existenz und der Aufbau des kausalen Hintergrundes von Zukunftsaussagen zu beleuchten. Die m e t h o d i s c h e n Probleme stehen also im Mittelpunkt[2]."

---

[1] H. Giersch, Allgemeine Wirtschaftspolitik. Bd. I: Grundlagen. (Die Wirtschaftswissenschaften, Hrsg. E. Gutenberg, Reihe B: Volkswirtschaftslehre, Nr. 9.) Wiesbaden 1960, S. 304.
[2] K. Ch. Kuhlo, Die Wachstumsprognose, insbesondere auch die Prognose der Produktivitätsentwick-

Die zu treffenden Annahmen sind nur aus der Analyse der Vergangenheit zu gewinnen. Es ist also wichtig, daß sie der wirtschaftlichen Erfahrung nicht widersprechen, es sei denn, besondere Gründe sprechen dafür, daß die aus der Entwicklung der Vergangenheit gewonnenen Erfahrungen in der Zukunft nicht mehr gültig sein werden. Die Analyse der Vergangenheit auf ihren Zukunftsgehalt hin wird damit zum Kernstück jeder Vorausschätzung. Dabei sind nur solche Entwicklungen und Wirkungszusammenhänge für die Vorausschätzung relevant, die nicht zeitgebunden oder zufällig sind. Es gilt also, aus dem ex post-Verlauf all jene Bedingungen, Interdependenzen und Strukturen zu erfassen, die zeitlos sind und wahrscheinlich während des Vorausschätzungszeitraums wirksam sein werden. Auf diese Weise wird es möglich, die Erfahrung aus ihrer Zeitbezogenheit zu lösen und durch eine generalisierende Formulierung für Projektionszwecke nutzbar zu machen: Die Zukunft wird aus der Vergangenheit abgeleitet.

Die Analyse der Vergangenheit hat also die Projektion vorzubereiten, indem sie ein theoretisches Modell bereitstellt, in das die zu projizierende Größe — hier die Investitionen einer Branche — eingebettet ist. Dieses Modell kann das Ergebnis von zwei verschiedenen Betrachtungsweisen sein.

Im ersten Falle wird das Modell so konzipiert, daß zwischen der zu projizierenden Größe und den wichtigsten bestimmenden Variablen Beziehungen hergestellt werden. Ein solches Modell ist also von kausal-erklärender Natur, da es die Investitionen auf dem Wege einer Investitionsfunktion unmittelbar auf ihre Determinanten zurückzuführen versucht.

Die zweite mögliche Modellkonzeption ist vom theoretischen Standpunkt zunächst weniger anspruchsvoll. Sie verzichtet auf eine unmittelbare Einbeziehung von Kausalfaktoren der zu projizierenden Größe; vielmehr begnügt sie sich damit, die zu projizierenden Investitionen in ein ökonomisch sinnvolles System von Definitionsgleichungen und tautologischen Umformungen einzubeziehen, dessen wichtigste Komponenten — bestehend aus Koeffizienten — jedoch einer Kausalanalyse unterzogen werden. Das sich ergebende Modell ist also im Hinblick auf die zu projizierenden Investitionen im wesentlichen definitorischer Natur. Beide Modellkonzeptionen sind in der Literatur anzutreffen[3].

Wenngleich der kausal-erklärende Modellansatz ökonomisch sinnvoller ist als der definitorische Ansatz, da er auf den letztlich entscheidenden Ursachen aufbaut und somit — im Falle der Investitionsfunktion — die Verhaltensweisen der Investoren zu quantifizieren sucht, hat diese Modellkonzeption wegen der bekannten Probleme der „Identifikation" und der „Spezifikation" bislang zu

---

lung. In: Diagnose und Prognose als wirtschaftswissenschaftliche Methodenprobleme. Hrsg. von H. Giersch und K. Borchardt. (Schriften des Vereins für Socialpolitik, Gesellschaft für Wirtschafts- und Sozialwissenschaften, NF. Bd. 25.) Berlin 1962, S. 215.
[3] Vgl. W. Krelle, Prognose der Anlageinvestition. In: Wirtschaftskreislauf und Wirtschaftswachstum. Carl Föhl zum 65. Geburtstag. Hrsg. von E. Schneider. Tübingen 1966, S. 108. — Wm. C. Hood and A. Scott, Output, Labour and Capital in the Canadian Economy (Hrsg. Royal Commission on Canada's Economic Prospects), Ottawa (?) 1957.

wenig befriedigenden Ergebnissen geführt. „Es ist noch nicht gelungen, sie (die Investitionen) eindeutig und auf einfache Weise mit anderen volkswirtschaftlichen Größen zu verknüpfen. Statt dessen existieren mehrere Investitionstheorien, von denen jede für sich plausibel ist und keine bei ökonometrischen Tests eindeutig verworfen werden konnte[4]."

Schwerwiegender als die Probleme der Spezifikation und der Identifikation, mit denen alle ökonometrischen Untersuchungen konfrontiert sind, erscheint im Hinblick auf die gestellte Aufgabe der langfristigen Vorausschätzung von Brancheninvestitionen jedoch folgender spezieller Gesichtspunkt. Selbst wenn es gelingen würde, die wichtigsten Determinanten der Investitionsausgaben der Unternehmen zu erkennen und in ihrem Einfluß zu isolieren, wäre für die Projektion nur ein Teilproblem gelöst, da eine Investitionsfunktion allein zur Projektion der Bruttoinvestitionen nicht ausreicht. Durch die Investitionsfunktion wird zunächst das Prognoseproblem von der abhängigen Variablen „Investition" auf die bestimmenden Variablen wie etwa Nachfrageänderung, Abschreibung, Gewinnerwartung oder Zins verlagert. Diese Größen sind jedoch keineswegs leichter vorauszuschätzen als die Investitionen selbst, vor allem dann, wenn die Brancheninvestitionen nicht innerhalb eines gesamtwirtschaftlichen Modells vorausgeschätzt werden können, sondern — wie hier — isoliert zu projizieren sind. Bei einer langfristigen Investitionsvorausschätzung dürfte diese Methode daher kaum über eine reine Trendextrapolation hinausführen.

Die erwähnten Nachteile des kausal-erklärenden Modellansatzes lassen sich zu einem großen Teil durch die Verwendung eines definitorischen Modellansatzes überwinden, da dieser von vornherein die projektive Fragestellung in den Vordergrund rückt. Bei dieser Methode wird — wie erwähnt — auf die Formulierung von Verhaltensgleichungen verzichtet und statt dessen mit Hilfe von Definitionsgleichungen und tautologischen Umformungen ein indirekter Bezug zu den zu schätzenden Investitionen hergestellt. Ausgangspunkt der methodischen Überlegungen ist eine definitorische Aufspaltung der Bruttoinvestitionen in Netto- und Ersatzinvestitionen. Während die Beziehungen zwischen den Nettoinvestitionen und anderen ökonomischen Größen indirekt durch Koeffizienten sichtbar gemacht werden, werden die Ersatzinvestitionen so definiert, daß sie zum größten Teil aus bekannten Daten der Vergangenheit abgeleitet werden können, die zugleich für die Berechnung der erwähnten Koeffizienten benötigt werden. Das eigentliche Prognoseproblem reduziert sich dadurch weitgehend auf die Vorausschätzung der Nettoinvestitionen. Für die Auswahl der in diesen Teil des Modells einzubeziehenden ökonomischen Größen sind vor allem drei Kriterien entscheidend:

— Zwischen ihnen und den Investitionen muß ein vernünftiger direkter oder indirekter Zusammenhang bestehen;

---

[4] W. Krelle, Verteilungstheorie. Tübingen 1962, S. 142.

— Dieser Zusammenhang muß systematisch sein, so daß er sich für Projektionen eignet;
— Die Beziehungsgrößen müssen mit größerer Sicherheit vorausgeschätzt werden können als die Investitionen.

Wie noch zu zeigen sein wird, werden die genannten Bedingungen im wesentlichen von den Verhältniszahlen Kapitalkoeffizient $\left(\frac{K}{P}\right)$, Kapitalintensität $\left(\frac{K}{A}\right)$ und Arbeitskoeffizient $\left(\frac{A}{P}\right)$ erfüllt.

Eine derartige Rückführung der Investitionsprognose auf ein System von miteinander tautologisch verknüpften Koeffizienten bietet im Vergleich zur Investitionsfunktion einige Vorteile. Als statistische Durchschnittsgrößen spiegeln die genannten Koeffizienten grundsätzlich den Einfluß aller bestimmenden Variablen wider, ohne daß indessen der Beitrag einzelner Determinanten zur Gesamtentwicklung bereits im Ansatz festgelegt würde. Das hierdurch gegebene hohe Maß an Elastizität bleibt durch die Beschränkung auf eine semiquantitative Analyse weitgehend erhalten. Dadurch, daß bei dieser Art der Analyse der Einfluß der bestimmenden Variablen nicht zahlenmäßig, sondern nur der Einflußrichtung nach wiedergegeben wird, können sowohl quantifizierbare als auch nicht quantifizierbare Determinanten im Modell explizit berücksichtigt werden.

Auf einer solchen Analyse beruhende Koeffizientenschätzungen kommen zwar nicht ohne gewisse subjektive Vorstellungen über die zukünftige Entwicklung der wichtigsten bestimmenden Variablen aus; indem die zukünftige Entwicklung jedoch als ein „Mehr", „Weniger" oder „Gleich" gegenüber der bisherigen Entwicklung beurteilt wird, widersprechen die Schätzwerte zumindest nicht der „Erfahrung der Vergangenheit". Die tautologische Verknüpfung der drei Koeffizienten $\left(\frac{K}{P} = \frac{K}{A} \cdot \frac{A}{P}\right)$ hält zudem den Spielraum der Subjektivität in engen Grenzen.

Im Gegensatz zu der beschriebenen definitorischen Modellkonzeption können in der Investitionsfunktion explizit nur quantifizierbare und in der Regel nur wenige Faktoren als bestimmende Variablen erfaßt werden. Alle in der Funktion nicht ausdrücklich erwähnten Determinanten erscheinen entweder gebündelt in der „latenten Variablen" oder verzerren die Parameter.

Wie schon angedeutet, ist die auf einer semiquantitativen Analyse basierende Projektion der Koeffizienten nicht identisch mit der angestrebten Vorausschätzung der Nettoinvestitionen. Sie ist in dem zu diskutierenden Modellansatz der Investitionsvorausschätzung vielmehr vorgelagert, indem sie den zukünftigen Verlauf des Kapitalkoeffizienten bestimmt, der neben der zukünftigen Entwicklung der Nettoproduktion die eigentliche Basis der Schätzung der Nettoinvestitionen bildet.

Wie schon eingangs erwähnt wurde, kann vom wissenschaftlichen Standpunkt der numerische Inhalt einer Prognose erst an letzter Stelle interessieren. Aus diesem Grunde kann es nicht erste Aufgabe dieser Arbeit sein, die kurz skizzierte Methode an irgendeinem Beispiel anzuwenden und die numerischen Ergebnisse zu präsentieren. Die methodischen Probleme stehen auch hier im Vordergrund. Insbesondere sind die implizit und explizit getroffenen Annahmen des Modells und ihr Einfluß auf die Stabilität der Schätzungen zu analysieren. Selbstverständlich kann dies nicht ohne eine numerische Darstellung der Prognose geschehen. Diese ist jedoch nicht Ziel sondern Mittel, um die Sensitivität des zugrunde liegenden Modells zu verdeutlichen.

Mit dieser Rangfolge ist der Aufbau der Arbeit bereits vorgezeichnet:

Im ersten Kapitel soll versucht werden, das angedeutete Investitionsprognosemodell formal darzustellen und in seinen Grundannahmen offenzulegen.

Das zweite Kapitel ist dem „procedere" der Prognose gewidmet. Am Beispiel des Maschinenbaus soll verdeutlicht werden, wie mit Hilfe einer semiquantitativen Analyse der Verhältniszahlen Kapitalkoeffizient, Kapitalintensität und Arbeitskoeffizient Anhaltspunkte über den zukünftigen Verlauf der Nettoinvestitionen gewonnen werden können. Gleichzeitig werden die Ersatzinvestitionen im Maschinenbau mit Hilfe von Lebensdauerschätzungen und Daten über die Investitionstätigkeit in der Vergangenheit geschätzt.

Im Mittelpunkt des dritten Kapitels steht die Sensitivität des zuvor am Beispiel des Maschinenbaus dargestellten Prognoseverfahrens. Diese kann vor allem von vier Fehlerquellen berührt werden: einer Fehlspezifikation des Modells, Beobachtungsfehlern, der Anwendung von Näherungsverfahren und Rundungsfehlern. Besondere Aufmerksamkeit wird in diesem Zusammenhang dem Verhältnis der Veränderungen von Nettoproduktion und Kapitalkoeffizient und dem Lebensdaueransatz zu widmen sein.

Erstes Kapitel

Das Investitionsprognosemodell

A. Das Instrumentarium

Das formale Instrumentarium, mit dessen Hilfe das ökonomische Geschehen der Vergangenheit analysiert und die Bruttoinvestitionen der nächsten fünf bis zehn Jahre in ihrem Trend[1] projiziert werden sollen, geht von der definitorischen Aufspaltung der Bruttoinvestitionen in Netto- und Ersatzinvestitionen aus:

(1) $I\text{Brutto} = I\text{Netto} + I\text{Ersatz}$.

Diese Aufspaltung der Bruttoinvestitionen findet ihre Begründung in der leichteren Projizierbarkeit des Teils der Investitionen, der der Erhaltung der bisherigen Kapazität dient, da sich dieser Teil der künftigen Investitionen weitgehend auf bekannte Größen der Vergangenheit zurückführen läßt. Sofern genügend statistische Informationen über Höhe und Lebensdauer vergangener Investitionsjahrgänge zur Verfügung stehen, kann der größte Teil[2] zukünftiger Ersatzinvestitionen durch einfache arithmetische Operationen errechnet werden. Die Genauigkeit dieser Berechnungen hängt im wesentlichen von der Detaillierung der statistischen Angaben über die Bruttoinvestitionen der Vergangenheit und deren Lebensdauer ab. Eine Aufgliederung der Investitionsjahrgänge nach Investitionsgütern und Angaben über deren Lebensdauer bildet den einen Extremfall, die Kenntnis globaler jährlicher Investitionsdaten und deren durchschnittlicher Lebensdauer das andere Extrem. Empirische Berechnungen liegen zumeist zwischen diesen Grenzfällen. In der überwiegenden Zahl der Fälle sind die gesamtwirtschaftlichen Bruttoinvestitionen zumindest nach Branchen unterteilt und innerhalb dieser Gruppierung wiederum nach Bauten und Ausrüstungen, wobei für Bauten und Ausrüstungen die branchenspezifische, durchschnittliche Lebensdauer (L_d) bekannt ist[3]. Bei

---

[1] Nicht die aktuellen Konjunkturwerte, sondern die langfristige Entwicklung wird geschätzt.
[2] Auf bloßen Schätzungen beruht nur der Teil der Ersatzinvestitionen, der von den noch zu schätzenden Bruttoinvestitionen aufgrund seiner kurzen Lebensdauer bereits im Projektionszeitraum wieder ausscheidet.
[3] Als Beispiel seien die Berechnungen für Kanada von Wm. C. Hood and A. Scott, a.a.O., genannt. Ferner: R. Krengel, Anlagevermögen, Produktion und Beschäftigung der Industrie im Gebiet der Bundesrepublik von 1924 bis 1956. (Sonderhefte des Deutschen Instituts für Wirtschaftsforschung, NF. Nr. 24.) Berlin 1958.

diesem Ausgangsmaterial können Berechnungen der Ersatzinvestitionen jedoch nicht auf die unrealistische Annahme verzichten, daß die in einem Jahre j getätigten Investitionen (Investitionsjahrgang j) nach Ablauf der durchschnittlichen Lebensdauer in voller Höhe aus dem Produktionsprozeß ausscheiden. Die Ersatzinvestitionen des Jahres i entsprechen in diesem Falle den Bruttoinvestitionen des Jahres $j = i - L_d$:

$$I_i^{\text{Ersatz}} = I_{i-L_d}^{\text{Brutto}}.$$

Einen größeren Genauigkeitsgrad erzielen solche Berechnungen zukünftiger Ersatzinvestitionen, die zusätzlich die Zusammensetzung von Bauten bzw. Ausrüstungen eines Jahres nach Investitionstypen kennen, wobei die Typenbildung nach der erwarteten ökonomischen Lebensdauer erfolgt. Diese Berechnungen bauen nicht auf einer durchschnittlichen Lebensdauer, sondern auf einer Lebensdauerverteilung (LV_j) der Investitionsjahrgänge auf[4], deren allgemeine Form aus (2) zu entnehmen ist:

(2) $$LV = \sum_k b_{kj} = 1.$$

Es bedeuten:

b_{kj} = Anteil des Investitionsjahrganges j, der am Ende des Lebensjahres k aus dem Produktionsprozeß ausscheidet;
k = $1, 2, 3 \ldots L_m$;
L_m = maximale Lebensdauer.

In der vorliegenden Untersuchung erlauben die statistischen Ausgangsdaten ebenfalls eine Schätzung der Ersatzinvestitionen mit Hilfe von Lebensdauerverteilungen, und zwar getrennt nach Bauten (B), Maschinen (M) und Werkzeugen, Fahrzeugen etc. (W). Unter der Annahme konstanter Lebensdauerverteilungen für alle Investitionsjahrgänge (j) erhält das Modell zur Vorausschätzung der Ersatzinvestitionen folgende konkrete Form:

(3) $$I_{B,i}^{\text{Ersatz}} = \sum_{k,j} b_k^B \cdot I_{B,j}^{\text{Brutto}};$$

(4) $$I_{M,i}^{\text{Ersatz}} = \sum_{k,j} b_k^M \cdot I_{M,j}^{\text{Brutto}}; \qquad k = L_m, L_m-1 \ldots 1$$
$$j = i-L_m \ldots i-1$$

(5) $$I_{W,i}^{\text{Ersatz}} = \sum_{k,j} b_k^W \cdot I_{W,j}^{\text{Brutto}}; \qquad i = \text{ein Jahr des Projektionszeitraumes}$$

(6) $$I_i^{\text{Ersatz}} = I_{B,i}^{\text{Ersatz}} + I_{M,i}^{\text{Ersatz}} + I_{W,i}^{\text{Ersatz}}.$$

---

[4] Als Beispiel seien genannt: Die Berechnung des Machinery and Allied Products Institute. „Capital Goods Review", Chicago, May 1953. — Robert N. Grosse, Replacement Expenditures in the Interindustry Framework. Hrsg. Bureau of the Budget, Nov. 1951. — Robert N. Grosse and Edward B. Berman, The Replacement of Producer Durables. Hrsg. Bureau of the Budget, April 1952, Vol. I and Sept. 1952, Vol. II. — P. D. Teitelbaum, Estimating Replacement Requirements for Producers' Durable Goods. Hrsg. Bureau of Mines, Interindustry Analysis Branche Item 30, processed, August 1953.

Eine solche Berechnung der zukünftigen Ersatzinvestitionen aus den Bruttoinvestitionen der Vergangenheit und deren Lebensdauerverteilung setzt jedoch voraus, daß die Summe der dem Ersatz dienenden neuen Investitionen (I^E) in ihrer Leistungsfähigkeit den aus früheren Perioden stammenden, ausscheidenden Investitionen (I^A) eines Jahres entspricht. In empirischen Berechnungen, deren Kapazitätsmessungen sich aus praktischen Gründen an den Anschaffungskosten[5] der Anlagegüter (Bewertung zu konstanten Preisen) orientieren, hängt diese Identität vor allem von zwei Faktoren ab:

— Qualitätsänderungen von Investitionsgütern, die die quantitative Leistungsfähigkeit der Anlagen berühren, schlagen sich im Preis nieder. Qualitätsverbesserungen finden ihr Äquivalent in einem höheren Preis, Qualitätsminderungen in einem niedrigeren Preis.

— Der Preisindex, mit dem die Bewertung der Investitionen zu konstanten Preisen vorgenommen wird, eliminiert nur Preiseinflüsse und keine Qualitätsänderungen aus der effektiven Entwicklung.

Der erste Punkt betrifft die Gesetze der Preisbildung. Diese sind von sehr verschiedenen Faktoren, insbesondere von Angebot, Nachfrage und der Marktform abhängig[6]. Die Frage, inwieweit Qualitätsänderungen im Preis quantifiziert werden, läßt sich nicht generell beantworten, zumal oft die Qualität neben dem Preis als absatzpolitisches Instrument eingesetzt wird.

Der zweite Punkt ist mit dem bekannten „Indexproblem" identisch, dem sich die amtliche Statistik seit eh und je gegenüber sieht[7]. Bislang ist es nicht gelungen, Preis- und Qualitätseinflüsse säuberlich zu trennen, so daß der Preisindex nur „reine" Preisbewegungen widerspiegelt. „Da der Trend der Qualitätsveränderungen überwiegend in Qualitätsverbesserungen besteht, dürfte die nachgewiesene Preisbewegung einen Fehler nach oben aufweisen. Daraus folgt, daß bei Anwendung der von der Preisstatistik gebotenen Preisreihen und Preisindices zur Deflationierung ... die reale Entwicklung als Restkomponente zu gering errechnet wird[8]."

Mit der Gleichsetzung der zu schätzenden Ersatzinvestitionen (I^E) mit den in einem Jahr ausscheidenden Investitionen der Vergangenheit (I^A) kann also eine Überschätzung der Ersatzinvestitionen verbunden sein, deren Ausmaß sich jedoch nicht quantifizieren läßt. Der mögliche Fehler darf indessen nicht

---

[5] Vgl. hierzu: E. F. Denison, Theoretical Aspects of Quality Change, Capital Consumption and Net Capital Formation. In: Problems of Capital Formation; Concepts, Measurement, and Controlling Factors. (Studies in Income and Wealth, Hrsg. National Bureau of Economic Research, Vol. 19.) Princeton 1957, S. 215 ff.
[6] Vgl. A. E. Ott, Preistheorie. (Kompendium der Volkswirtschaftslehre, hrsg. von W. Ehrlicher, J. Esenwein-Rothe, H. Jürgensen und K. Rose, Bd. 1.) Göttingen 1967, S. 120 ff.
[7] Zu den Problemen der Preisstatistik sei verwiesen auf: P. Deneffe, Das Problem der Berücksichtigung qualitativer Veränderungen im Rahmen der Preisstatistik. „Allgemeines Statistisches Archiv", München, Bd. 42 (1958), S. 346 ff. — Th. W. Gavett, Quality and a Pure Price Index — A Survey of the Problems Encountered in Accommodating Measures of Quality Change when Computing Pure Price Indexes. „Monthly Labour Review", Washington, Vol. 90 (1967), H. 3, S. 16.
[8] P. Deneffe, a.a.O., S. 353.

überbewertet werden, da die gleiche Fehlerquelle mit entgegengesetztem Vorzeichen in der Schätzung der Nettoinvestitionen wiederkehrt. Die genannten Schwierigkeiten bei der statistischen Erfassung von Qualitätsänderungen betreffen in erster Linie die Aufteilung der zu schätzenden Investitionen in Netto- und Ersatzinvestitionen, weniger hingegen deren Gesamthöhe.

Definitionsgemäß[9] errechnen sich die Nettoinvestitionen der Vergangenheit als Differenz aus Brutto- und Ersatzinvestitionen. Sie sind der Teil der jährlichen Bruttoinvestitionen, der zu einer Veränderung (in der Regel Erweiterung) der bisherigen Kapazität führt. Mißt man die Kapazität an den Anschaffungskosten der Anlagegüter — diese Methode der Kapazitätsmessung ist allein praktikabel —, so gilt also folgende Beziehung, die durch ihren definitorischen Charakter auch auf die Zukunft übertragen werden kann:

$$(7) \qquad I_i^{\text{Netto}} = K_i - K_{i-1},$$

wobei sich die Kapitalbestände (K) jeweils auf das Jahresende beziehen. Durch tautologische Umformung dieser Definitionsgleichung lassen sich die zu schätzenden Nettoinvestitionen in ein System von Koeffizienten einbetten, deren Projektion leichter möglich ist als die der Investitionen selbst:

$$(8) \qquad I_i^{\text{Netto}} = \frac{K_i}{P_i} \cdot P_i - \frac{K_{i-1}}{P_{i-1}} \cdot P_{i-1}.$$

In Gleichung (8) entspricht die Relation $\frac{K}{P}$ mit geringfügigen Einschränkungen[10] dem durchschnittlichen Kapitalkoeffizienten, in dem der im Jahresdurchschnitt vorhandene Kapitalstock zur erstellten Produktion des betreffenden Jahres in Beziehung gesetzt ist. Dieser Koeffizient läßt sich mit anderen Verhältniszahlen tautologisch verknüpfen, die wie der Kapitalkoeffizient ein brauchbares Instrument für Analyse und Projektion bilden:

$$(9) \qquad \frac{K}{P} = \frac{K}{A} \cdot \frac{A}{P}.$$

Wie Gleichung (9) zeigt, läßt sich der Kapitalkoeffizient als Produkt aus der Kapitalintensität $\left(\frac{K}{A}\right)$, in der der Kapitaleinsatz zum Arbeitseinsatz in Beziehung gesetzt wird, und aus dem Arbeitskoeffizienten $\left(\frac{A}{P}\right)$, der eine Relation zwischen Arbeitseinsatz und Produktion herstellt, ausdrücken.

---

[9] Siehe Gleichung (1): IBrutto = INetto + IErsatz.

[10] Unterstellt man, daß sich der Kapitalbestand innerhalb eines Jahres i kontinuierlich entwickelt, so läßt sich der in Gleichung (9) auf den Jahresdurchschnitt bezogene Kapitalbestand leicht aus den Jahresendbeständen aus Gleichung (8) errechnen: $K_i^d = \frac{K_{i-1} + K_i}{2}$.

Wegen der schon eingangs genannten Schwierigkeiten, eine eindeutige Beziehung zwischen den Investitionen einerseits und den sie bestimmenden Variablen andererseits aufzustellen, wird das Problem der Theoriebildung also gleichsam „einen Schritt zurück" verlagert. Gegenstand der Analyse sind nicht die Beziehungen zwischen den Nettoinvestitionen und ihren bestimmenden Variablen, sondern die Wirkungszusammenhänge zwischen den Verhältniszahlen Kapitalkoeffizient, Arbeitskoeffizient und Kapitalintensität auf der einen und deren Determinanten auf der anderen Seite.

Wie schon weiter oben erwähnt wurde, wird hierdurch die empirische Basis elastischer, da in die semiquantitative Analyse der Koeffizienten auch nicht quantifizierbare Einflußfaktoren einbezogen werden können, während sich die Investitionsfunktion auf die Berücksichtigung quantifizierbarer Variablen beschränken muß.

Zudem handelt es sich bei den Koeffizienten um statistische Durchschnittsgrößen, die im Zeitablauf nur geringfügig schwanken. Ihre Vorausschätzung ist damit weniger problematisch, auch wenn die bestimmenden Variablen von zukünftiger Relevanz zumeist — wie bei der Verwendung von Investitionsfunktionen — „frei" vorgegeben werden müssen. Wie aus Gleichung (8) ersichtlich, reicht die Projektion der Koeffizienten und die Beachtung ihrer tautologischen Verbundenheit für eine Vorausschätzung der Nettoinvestitionen jedoch nicht aus. Neben dem Kapitalkoeffizienten muß vielmehr die zukünftige Produktionsentwicklung bekannt sein, um die zukünftigen Nettoinvestitionen als Veränderung des Kapitalbestandes berechnen zu können. Da eine eingehende Analyse der Nachfrage nach Maschinenbauerzeugnissen den Rahmen dieser Arbeit sprengen würde, kann die Produktionsentwicklung hier nur alternativ vorgegeben werden. Wie die Analyse der Koeffizienten am Beispiel des Maschinenbaus jedoch zeigen wird, handelt es sich bei der Produktionsvorgabe um keine „echten" Alternativen, da Produktionsentwicklung und Koeffizientenveränderung in einem nicht zu übersehenden, wenngleich nicht immer quantifizierbaren, Zusammenhang stehen. Die Interdependenz zwischen Koeffizientenentwicklung und Produktionswachstum erlaubt deshalb nur eine „bedingte" Projektion der Nettoinvestitionen. Sobald die vorgegebene Produktionsentwicklung erheblich von der bisherigen Entwicklung abweicht, verliert die geschätzte Entwicklung des Kapitalkoeffizienten ihre Gültigkeit.

B. Ökonomische Abgrenzung der modellendogenen Variablen

Das formale Instrumentarium des Investitionsprognosemodells sagt zunächst noch nichts über den ökonomischen Gehalt seiner konstituierenden Variablen[11] aus. Beispielsweise läßt das dargestellte Gleichungssystem noch völlig offen,

---

[11] Die ökonomische Abgrenzung kann sich auf die Größen Produktion, Arbeit und Kapital beschränken, da die für die Ersatzinvestitionen relevanten Variablen Investitionen und Lebensdauer bereits zur Sprache gekommen sind.

was unter den Größen K (Kapital), A (Arbeit) und P (Produktion) im einzelnen zu verstehen ist. Als wichtigste Alternative bieten sich an: Brutto- oder Nettoproduktion, jährliche Kapitalnutzung oder Kapitalbestand (zu Brutto- oder Nettowerten) und Beschäftigte oder geleistete Arbeitsstunden. Grundsätzlich ist keine dieser Möglichkeiten von vornherein vorzuziehen, vielmehr bestimmt der jeweilige Zweck der Untersuchung, welche Größen in den Koeffizienten zueinander in Beziehung gesetzt werden. Wie bereits erwähnt wurde, haben die Verhältniszahlen Kapitalkoeffizient, Kapitalintensität und Arbeitskoeffizient zum einen die Aufgabe, der Informationssammlung als Basis der Projektion der Koeffizienten zu dienen. Zum anderen müssen sich aus den geschätzten Koeffizienten die zukünftigen Nettoinvestitionen ableiten lassen. Beide Gesichtspunkte sind deshalb gleichermaßen bei der ökonomischen Abgrenzung der Variablen Produktion, Arbeits- und Kapitaleinsatz zu berücksichtigen.

1. Die Produktion

Bei der ökonomischen Abgrenzung der Produktion besteht grundsätzlich — wie bereits erwähnt — die Alternative zwischen Brutto- und Nettogrößen. Während beim Bruttoproduktionswert der gesamte Ausstoß im Vordergrund steht, ohne Rücksicht darauf, ob der Output allein von einer Branche oder zusammen mit vorgelagerten Produktionsstufen erbracht wurde, versucht man im „Nettoproduktionswert" die eigene Leistung einer Branche oder eines Wirtschaftsbereiches zu erfassen. In der vorliegenden Untersuchung soll in den Koeffizienten ein geeignetes Instrument der Branchenanalyse geschaffen werden. Dieses Ziel kann nur durch Einbeziehung der „Nettoproduktion" erreicht werden, da nur diese die Produktionsleistung einer einzelnen Branche erfaßt. Die „Nettoproduktion"[12] ist indes nicht eindeutig definiert, sondern hängt von der jeweiligen Abgrenzung der „Vorleistungen" ab. Im vorliegenden Fall dürfte jedoch der „Nettoproduktionswert", wie er vom Statistischen Bundesamt erhoben und auch in den meisten westlichen Industrieländern[13] angewandt wird, am geeignetsten sein, da er am besten die Produktion im technischen Sinne wiedergibt[14]. Das Statistische Bundesamt definiert den Nettoproduktionswert wie folgt[15]:

> Bruttoproduktionswert
> — Materialeinsatz
> — an andere Unternehmen vergebene Lohnarbeiten
> ───
> = Nettoproduktionswert.

---

[12] Vgl. hierzu: K. Werner, Zum Begriff des Nettoproduktionswertes in der Wirtschaftsstatistik. „Allgemeines Statistisches Archiv", München, Bd. 44 (1960), S. 27 ff.
[13] Dieser Nettoproduktionswert entspricht in der angelsächsischen Statistik dem „value added".
[14] K. Werner, a.a.O., S. 33.
[15] Statistisches Bundesamt, Statistisches Jahrbuch für die Bundesrepublik Deutschland 1965, Stuttgart und Mainz 1965, S. 234.

Dieser Nettoproduktionswert enthält also noch neben den sog. „übrigen Vorleistungen" (Instandhaltungsarbeiten, Reparaturen, Werbe- und Vertriebskosten, Versicherungsprämien, Bankspesen, Büromaterial, Porti, Lizenz- und Patentkosten, Aufwendungen für Rechts- und Wirtschaftsberatung) verbrauchsbedingte Abschreibungen und indirekte Steuern.

2. Der Arbeitseinsatz

Auch zur Messung des Arbeitseinsatzes bieten sich mehrere Möglichkeiten[16] an, die jedoch für diese Untersuchung unterschiedlich geeignet sind. Vor allem besteht die Wahl zwischen Beschäftigten und Arbeitsstunden und bei den letzteren wiederum zwischen geleisteten und bezahlten Arbeitsstunden. Daneben kann auch die Lohnsumme als Maßstab des Arbeitseinsatzes dienen. Beschäftigtenzahlen scheiden in langfristigen Untersuchungen als Maß des Arbeitseinsatzes vor allem dann aus, wenn sich die Arbeitszeit je Beschäftigten im Untersuchungszeitraum ändert, wie dies bislang in der Bundesrepublik und in den meisten übrigen westlichen Ländern der Fall war.

Bezahlte Arbeitsstunden bilden nur dann ein geeignetes Maß des Arbeitseinsatzes, wenn ein Kostenvergleich angestrebt wird, da sie Urlaubszeit, Krankheit, Feiertage etc. einschließen.

Für einen technischen Leistungsvergleich, wie er in den Koeffizienten angestrebt wird, sind hingegen nur geleistete Arbeitsstunden relevant. Dennoch handelt es sich auch hier nur um ein unvollkommenes Maß, da stillschweigend eine gleichartige Qualität der geleisteten Arbeitsstunden unterstellt wird.

Aus dieser Sicht scheint die Lohnsumme ein geeigneteres Maß der effektiven Arbeitsleistung zu sein, weil im Lohn Qualitätsunterschiede zwischen den einzelnen Arbeitsstunden berücksichtigt werden. Doch der Lohn hängt nicht allein von der Qualität der geleisteten Arbeit, sondern auch vom Knappheitsgrad ab, so daß Änderungen der bisherigen Marktposition den Arbeitseinsatz verändern, ohne daß sich die tatsächliche Arbeitsleistung wandelt.

Zur Kennzeichnung der Arbeitsleistung verbleiben somit nur die geleisteten Arbeitsstunden, ohne daß Qualitätsunterschiede zwischen den einzelnen Arbeitsstunden berücksichtigt werden könnten. Auch Qualitätsveränderungen der Arbeitsstunde, die mit einer Verkürzung der Arbeitszeit verbunden sind, müssen unbeachtet bleiben. Eine Quantifizierung dieser Fehlerquellen ist aufgrund des vorhandenen Materials nicht möglich.

3. Der Kapitaleinsatz

Es liegt nahe, den Kapitaleinsatz in Analogie zum Arbeitseinsatz als „Flußgröße" zu definieren. Die Erfassung des jährlichen Kapitalinputs scheitert

---

[16] Vgl. hierzu: G. E. Reuss, Produktivitätsanalyse. Ökonomische Grundlagen und statistische Methodik. (Veröffentlichungen der List Gesellschaft, Hrsg. E. v. Beckerath und E. Salin, Reihe B, Bd. 17.) Basel und Tübingen 1960, S. 74 ff.

jedoch an der Unzulänglichkeit des statistischen Ausgangsmaterials. Finanzwirtschaftliche Abschreibungen als einziger Anhaltspunkt stimmen mit dem tatsächlichen Kapitalverzehr einer Rechnungsperiode nicht überein. Aus praktischen Gründen tritt daher in der Regel als Maßgröße der Kapitalbestand an die Stelle der Kapitalnutzung und damit das Potential an die Stelle des tatsächlichen Inputs. Doch auch beim Kapitalbestand handelt es sich nicht um eine eindeutige statistische Größe. Es wurde bereits auf die beiden Möglichkeiten des Brutto- und Nettokapitalbestandes hingewiesen. Beide Konzepte unterscheiden sich durch die kumulierten Abschreibungen, die während der Lebensdauer der Anlagen zum Zwecke der periodengerechten Aufwands- bzw. Kostenverteilung aufgelaufen sind. Die Eignung beider Größen für die vorliegende Untersuchung hängt im wesentlichen davon ab, welche Definition der Vorstellung des Produktionspotentials am nächsten kommt. Wird die Produktionsfähigkeit des Kapitals in dem Maße der Abschreibungen im Zeitablauf reduziert oder ist diese weitgehend unabhängig vom Alter der Anlagen? Wenngleich es schwierig ist, diese Frage generell zu beantworten, so sprechen doch einige Überlegungen für den Bruttokapitalbestand als Maßstab zur Erfassung des Produktionspotentials[17]. Bilanzielle Abschreibungen, aber auch kalkulatorische Abschreibungen, richten sich nicht nach der zeitlichen „Leistungskurve" der Anlagen, sondern dienen in erster Linie einer periodengerechten Aufwands- bzw. Kostenrechnung. Der wegen der fehlenden Teilbarkeit der Kapitalgüter nur periodisch anfallende Ausgabenbetrag soll auf die Jahre der Nutzung gleichmäßig verteilt werden. Es besteht deshalb weitgehend die Auffassung, daß die tatsächliche Produktionsfähigkeit der Anlagen über die gesamte Zeit des wirtschaftlichen Einsatzes mehr oder weniger gleichbleibt, sofern Wartungen und Reparaturen regelmäßig erfolgen. Mit dieser Annahme dürfte zumindest dann kein zu großer Fehler verbunden sein, wenn in die genannten Überlegungen nicht die technische, sondern die ökonomische Lebensdauer eingeht. Aus diesem Grunde scheint es gerechtfertigt, in dieser Untersuchung den Bruttokapitalbestand als Maßgröße für den Kapitaleinsatz zu wählen. Dieser läßt sich mit Hilfe der Kumulationsmethode aus den gleichen Größen wie die Ersatzinvestitionen errechnen: aus den Investitionen der Vergangenheit $\left(I_j^{\text{Brutto}}\right)$ — unterteilt nach Bauten, Maschinen und Werkzeugen — und den Lebensdauerverteilungen dieser Investitionsgüter $\left(LV = \sum_k b_k = 1\right)$.

Die Lebensdauerverteilung $\left(\sum_k b_k = 1\right)$ gibt nicht nur Auskunft darüber, welcher Anteil (b_k) eines Investitionsjahrganges bei Erreichung des Lebensjahres k aus dem Produktionsprozeß ausscheidet, sondern auch über den Anteil (a_n), der zu dem betreffenden Zeitpunkt noch im Bestand verbleibt, da sich die bereits ausgeschiedenen Anteile $\sum b_k$ und der verbleibende Anteil a_n definitionsgemäß zu 1 ergänzen. Es gilt:

---

[17] Vgl. hierzu Wm. C. Hood and A. Scott, a.a.O., S. 252/253.

(10) $$a_n = 1 - \sum_{k=o}^{n-1} b_k \, ; \quad n = 1, 2, 3, \ldots L_m \, .$$

Ebenso wie die Ersatzinvestitionen des Jahres i als gewogenes arithmetisches Mittel der Investitionsjahrgänge I_j^{Brutto} ermittelt wurden, wobei die Anteile b_k als Gewichte fungierten, läßt sich auch der Kapitalbestand des Jahres i als gewogenes arithmetisches Mittel vergangener Investitionsjahrgänge I_j^{Brutto} berechnen, wobei die Anteile a_n als Gewichte dienen. Für den Kapitalbestand des Jahres i gilt somit:

(11) $$K_i = \sum_{n,j} a_n \, I_j^{\text{Brutto}} \, ; \quad \begin{array}{l} n = L_m, L_m-1 \ldots 1 \\ j = i - n + 1 \end{array} \, .$$

Zweites Kapitel

Anwendung des Modells auf den Maschinenbau der Bundesrepublik

Das oben dargestellte Prognosemodell ist so konzipiert, daß es weitgehend auf alle industriellen Branchen Anwendung finden kann. Es schließt lediglich solche Wirtschaftsbereiche als Untersuchungsobjekt aus, deren Produktionsentwicklung langfristig rückläufig ist. In einem solchen Fall ist es nicht mehr möglich, mit Hilfe des dargestellten Instrumentariums Kapitalbestand und Ersatzinvestitionen richtig zu erfassen, da im Lebensdaueransatz ein vorzeitiges Ausscheiden der Anlagen aus dem Produktionsprozeß nicht berücksichtigt werden kann.

A. Abgrenzung des Untersuchungsobjekts

Die quantitative Anwendung des weiter oben präzisierten Investitionsprognosemodells auf den Maschinenbau der Bundesrepublik hat grundsätzlich nur beispielhaften Charakter. Wegen der Vielgestaltigkeit des Produktionsprogramms wäre es wünschenswert, den Maschinenbau nicht nur global, sondern auch unterteilt nach Fachzweigen zu untersuchen. Diesem Ziel sind jedoch durch das empirische Ausgangsmaterial Grenzen gesetzt, so daß nur 10 (jedoch die wichtigsten) von insgesamt 34 Fachzweigen des Maschinenbaus in die Analyse einbezogen werden können. Außer dem Maschinenbau insgesamt bilden folgende 10 Fachzweige die empirische Grundlage der Untersuchung[1]:

1. Büromaschinen
2. Bau- und Baustoffmaschinen
3. Hebezeuge und Fördermittel
4. Werkzeugmaschinen
5. Landmaschinen (ohne Ackerschlepper)
6. Nahrungsmittelmaschinen
7. Textilmaschinen
8. Kraftmaschinen
9. Ackerschlepper
10. Bergwerksmaschinen.

---

[1] Die Reihenfolge der Fachzweige entspricht der Rangfolge des Wachstums der Nettoproduktion in den Jahren 1955 bis 1962.

Neben dieser sachlichen Abgrenzung des Untersuchungsobjekts bedarf es einer näheren Bestimmung des Zeitraumes, für den die Untersuchung durchzuführen ist. Der Untersuchungszeitraum gliedert sich in zwei Abschnitte: in eine ex post- und eine ex ante-Periode. Ausgehend vom Zweck der ex post-Analyse — Ableitung einer allgemeingültigen Theorie von zukunftsweisender Bedeutung aus der trendmäßigen Entwicklung in der Vergangenheit — wäre es wünschenswert, wenn lange Zeitreihen der Untersuchung zugrunde gelegt werden könnten. Diesem Streben sind bei Untersuchungen für die Bundesrepublik indes von vornherein Grenzen gesetzt, da durch die Veränderung des Gebietsstandes nach dem zweiten Weltkrieg einheitliche Zeitreihen frühestens seit dem Jahre 1948 zur Verfügung stehen[2]. Zu Beginn der Arbeit reichten die Zahlenreihen bis zum Jahre 1964. Dennoch erstreckt sich die ex post-Periode nicht von 1948 bis 1964, sondern nur von 1950 bis 1962. Die Verkürzung der Periode um je zwei Jahre am Anfang und am Ende des Untersuchungszeitraumes ist durch eine statistische Operation zur Eliminierung konjunktureller Schwankungen aus den Ursprungsreihen mit Hilfe gleitender Fünfjahresdurchschnitte bedingt. Die ex ante-Periode beginnt im Jahre 1963. Da sich die Untersuchung die trendmäßige Schätzung der Investitionen zum Ziel gesetzt hat, umfaßt sie mehr als einen üblichen Konjunkturzyklus. Sie erstreckt sich über die Jahre 1963 bis 1970.

Die regionale Abgrenzung der Untersuchung orientiert sich weitgehend an der amtlichen Statistik. Die in die Koeffizienten eingehenden Zeitreihen der Nettoproduktion, des Arbeitsvolumens und des Kapitalbestandes beziehen sich für die Jahre 1950 bis 1959 auf das Bundesgebiet ohne Saarland und Berlin (West), ab 1960 werden diese Gebiete jedoch in die Analyse einbezogen. Diese Veränderung des Gebietsstandes kann in der vorliegenden Untersuchung hingenommen werden, da in den Koeffizienten Zähler und Nenner gleichermaßen betroffen werden und die Koeffizienten selbst weitgehend von der Gebietsveränderung unberührt bleiben dürften.

B. Die empirischen Ausgangsdaten

Die erforderlichen Ausgangsdaten für die Erfassung der Entwicklung des Maschinenbaus und zehn seiner Fachzweige — Nettoproduktion, Arbeits- und Kapitaleinsatz — können in der vorangegangenen ökonomischen Definition nur zum Teil unmittelbar der amtlichen Statistik der Bundesrepublik entnommen werden. Eine mehr oder weniger aufwendige Aufbereitung der Daten über den Maschinenbau ist unumgänglich[3].

---

[2] Dies gilt auch nur bedingt, da das Saarland und Berlin (West) erst später hinzukamen.
[3] Für andere Industriebranchen der Bundesrepublik sind die Probleme jedoch ähnlich.

1. Die Nettoproduktion des Maschinenbaus

Der Bereitstellung von Nettoproduktionswerten stellen sich außer den schon weiter oben erwähnten allgemeinen Schwierigkeiten einige spezielle Probleme entgegen. Wegen der Wahl des Jahres 1962 als Preisbasis und der Disaggregierung des Maschinenbaus ist die unmittelbare Verwendung des amtlichen Nettoproduktionsindex nicht möglich. Vielmehr muß die Nettoproduktion über preisbereinigte Bruttoproduktionswerte und erhobene nominale Nettoquoten errechnet werden. Diese indirekte Ermittlung der Nettoproduktion wird jedoch durch drei Faktoren beeinträchtigt:

— Nettoquoten der Fachzweige des Maschinenbaus wurden nur für die Jahre 1950 und 1962 erhoben, so daß die Anteile für die Zwischenjahre geschätzt werden müssen.

— Die Erhebungseinheiten der Jahre 1950 und 1962 weichen voneinander ab. Während die Erhebung des Jahres 1962 auf Unternehmensbasis erfolgte, bildete im Jahre 1950 der Betrieb die Erhebungsgrundlage.

— Die Berechnung der Nettoquoten der Jahre 1950 und 1962 erfolgte zu jeweiligen Preisen. Etwaige Unterschiede zwischen den beiden Nettoquoten können deshalb von einer unterschiedlichen Entwicklung von Input- und Outputpreisen herrühren.

Für die Berechnung der realen Nettoproduktion (in Preisen von 1962) ist es von entscheidender Bedeutung, ob die aus Tabelle 1 ersichtliche Abnahme der

Tabelle 1: Nettoquoten im Maschinenbau und in zehn seiner Fachzweige 1950 und 1962 in vH (Bundesgebiet[1])

Fachzweige	Nettoquote in vH	
	1950	1962
Maschinenbau insgesamt	58,3	53,0
darunter:		
Werkzeugmaschinen	63,8	60,0
Bau- und Baustoffmaschinen	52,1	49,0
Bergwerksmaschinen	52,9	49,0
Hebezeuge und Fördermittel	52,1	49,0
Landmaschinen	54,8	43,0
Ackerschlepper	54,8	43,0
Nahrungsmittelmaschinen	62,2	56,0
Büromaschinen	64,9	64,0
Textilmaschinen	61,9	61,0
Kraftmaschinen	50,5	47,0

Quelle: Statistisches Bundesamt. — [1] 1950 ohne Saarland und Berlin (West).

Nettoquote allein auf die zuletzt genannten erhebungstechnischen bzw. monetären Faktoren oder aber auf reale Vorgänge zurückgeführt werden kann. Im ersten Fall wäre die Abnahme der Nettoquote nur nominal und könnte bei der Berechnung der realen Nettoproduktion außer acht gelassen werden. Die erhobene Nettoproduktion des Jahres 1962 könnte also mit der preisbereinigten Entwicklung der Bruttoproduktion bis zum Jahre 1950 zurückgeschrieben werden (Schaubild 1, Kurve a). Wird hingegen unterstellt, daß erhebungstech-

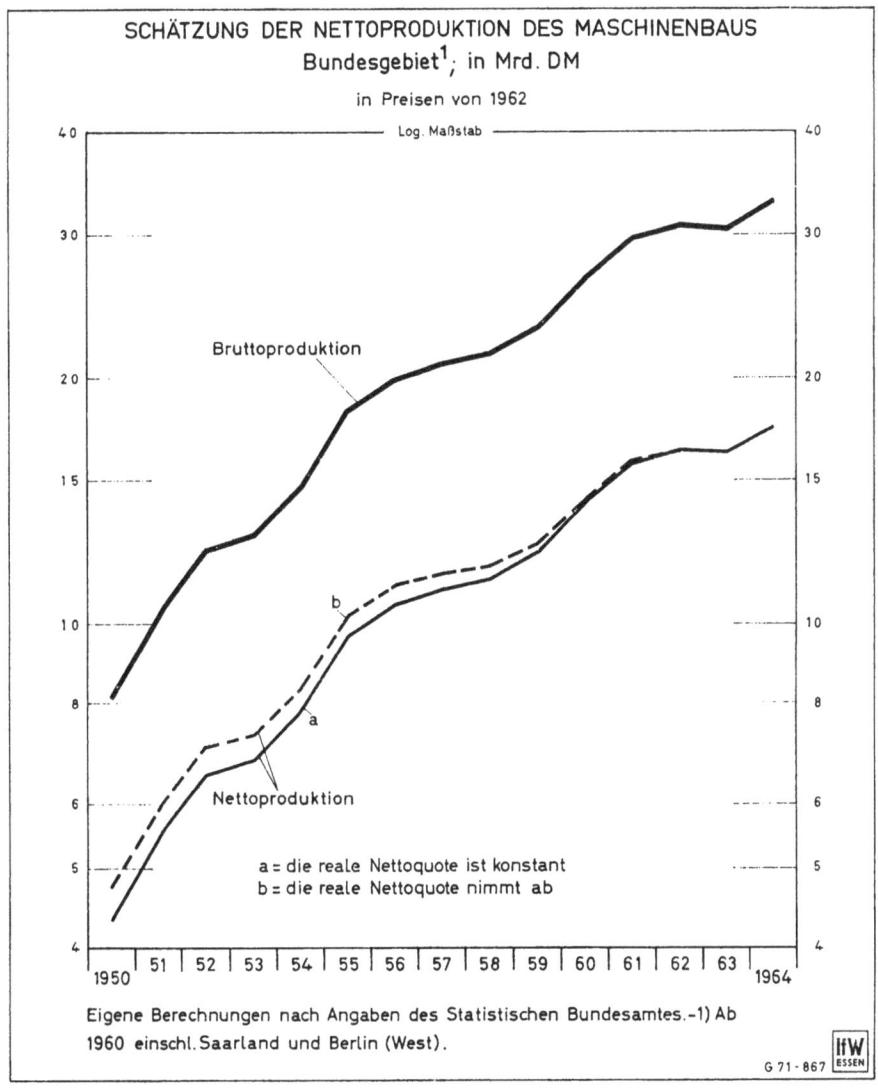

Schaubild 1

nische und monetäre Faktoren für die Entwicklung der Nettoquote von untergeordneter Bedeutung waren und sich in der Abnahme der Nettoquote primär reale Vorgänge widerspiegeln, so ist die Differenz zwischen den Nettoquoten der Jahre 1950 und 1962 in irgendeiner Weise[4] auf den Zeitraum 1950 bis 1962 zu verteilen und die preisbereinigte Bruttoproduktion mit diesen hypothetischen Nettoquoten zu multiplizieren (Schaubild 1, Kurve b). Die Kurven a und b grenzen quasi die mögliche Entwicklung der realen Nettoproduktion ein[5], wenn man von Fehlern in den Daten der Bruttoproduktion einmal absieht. Es bestehen jedoch einige Anhaltspunkte, die der Kurve b eine größere Wahrscheinlichkeit zukommen lassen als der Kurve a. Eine Aufteilung der Nettoquoten nach Betriebsgrößenklassen (gemessen an der Produktion) zeigt, daß die Nettoquote negativ mit der Betriebsgröße korreliert (Tabelle 2). Der Rangkorrelationskoeffizient von $R = -1$ deutet auf einen engen Zusammenhang hin[6].

Tabelle 2: Nettoquote und Betriebsgröße im Maschinenbau 1962 (Bundesgebiet)

Betriebsgröße nach der Produktion in Mill. DM	0,1 bis unter 1	1 bis unter 2	2 bis unter 5	5 bis unter 10	10 bis unter 25	25 bis unter 50	50 u. mehr
Nettoquote in vH	67,1	65,2	62,3	59,3	57,1	56,7	50,5

Quelle: Statistisches Handbuch für den Maschinenbau, Ausg. 1965. Hrsg. vom Verein Deutscher Maschinenbauanstalten, Frankfurt/M. 1965.

Gleichzeitig kann nachgewiesen werden, daß in der Zeit von 1951 bis 1963 der Anteil der kleinen Betriebe zurückgegangen ist, während sich der Anteil der Großbetriebe erhöht hat (Tabelle 3).

Beide Faktoren zusammen lassen den Schluß zu, daß auch die reale Nettoquote im Maschinenbau gefallen ist. Hingegen kann nichts über das Ausmaß der Abnahme der realen Nettoquote aufgrund der Betriebsgrößenverschiebung gesagt werden, da hierzu das vorhandene statistische Material nicht ausreicht. Wenn daher in dieser Untersuchung eine reale Abnahme der Nettoquote im Ausmaß der nominellen Reduktion unterstellt wird, so sind geringfügige Fehler nicht völlig auszuschließen. Die der Analyse zugrunde gelegte Entwicklung

---

[4] Wegen fehlender Anhaltspunkte wird hier eine lineare Aufteilung vorgenommen.
[5] Das hier für den gesamten Maschinenbau Gesagte gilt für die Fachzweige entsprechend.
[6] Der Rangkorrelationskoeffizient wurde nach der Formel berechnet: $R = 1 - \dfrac{6 \cdot \sum d_i^2}{n(n^2-1)}$.

der Nettoproduktion des Maschinenbaus und seiner Fachzweige ist möglicherweise unterschätzt. Der potentielle Schätzfehler hält sich indes in engen Grenzen, da die Nettoquoten auch nominell keine starke Abnahme aufweisen.

Tabelle 3: Vergleich der Betriebsgrößenstruktur des Maschinenbaus 1951, 1955 und 1963 (Bundesgebiet)

Größenklasse nach den Beschäftigten	Zahl der Betriebe					
	1951		1955		1963	
	absolut	vH	absolut	vH	absolut	vH
10– 19	727	20,8	663	16,6	832	16,5
20– 49	1 140	32,6	1 149	28,9	1 317	26,1
50– 99	670	19,1	833	20,9	1 050	20,8
100–199	460	13,1	557	14,0	763	15,1
200–499	319	9,1	507	12,7	650	12,9
500–999	105	3,0	139	3,5	243	4,8
1 000 u. mehr	80	2,3	134	3,4	182	3,7

Quelle: Statistisches Handbuch für den Maschinenbau, Ausg. 1952, 1956 und 1965. Hrsg. vom Verein Deutscher Maschinenbauanstalten, Frankfurt/M. 1952, 1956 und 1965.

2. Der Arbeitseinsatz des Maschinenbaus

Auch die empirische Erfassung des Arbeitseinsatzes in geleisteten Arbeitsstunden bereitet einige Schwierigkeiten, da das Arbeitsvolumen aus der im Durchschnitt des Jahres vorhandenen Beschäftigtenzahl und der durchschnittlich geleisteten Arbeitszeit abgeleitet werden muß. Obwohl diese beiden Größen unmittelbar der amtlichen Statistik entnommen werden können und Schätzungen weitgehend entfallen, ist eine solche Rechnung nicht fehlerfrei.

Zum Teil hängen die Fehlermöglichkeiten mit dem gewählten Disaggregationsgrad des Maschinenbaus zusammen und betreffen vornehmlich die Fachzweige. Die Beschäftigtenzahlen, die nach hauptbeteiligten Industriegruppen erhoben wurden, entsprechen nur annäherungsweise den tatsächlich Beschäftigten der Fachzweige. Je stärker in einem Fachbereich Betriebe mit mehreren Fachrichtungen vorherrschen, um so größer ist der voraussichtliche Fehler. Die erhobenen Beschäftigtenzahlen weichen nicht in allen Maschinenbauzweigen im selben Maße und in derselben Richtung von der effektiven Beschäftigung ab. Für eine Quantifizierung des möglichen Fehlers reicht das statistische Material jedoch nicht aus. In den Fachzweigen dürfte er indes größer sein als im Maschinenbau insgesamt.

Eine weitere Fehlerquelle bei der Berechnung des Arbeitsvolumens ist in der Hypothese zu sehen, daß Angestellte nur die tarifliche Arbeitszeit, Arbeiter jedoch noch zusätzlich Überstunden leisten. Diese Hypothese ist zwar wegen des fehlenden statistischen Materials für die Rechnung erforderlich, sie dürfte jedoch nicht ganz der Realität entsprechen, so daß das Arbeitsvolumen geringfügig unterschätzt wird. Es handelt sich hierbei indes nicht um einen systematischen Fehler, da sowohl der Anteil der Angestellten an den Gesamtbeschäftigten im Untersuchungszeitraum von 20 auf etwa 35 vH zugenommen hat als auch Überstunden in den Jahren nach 1955 von größerer Bedeutung waren als vor diesem Zeitpunkt. Aller Wahrscheinlichkeit nach ist deshalb auch die Entwicklung des errechneten Arbeitsvolumens unterschätzt.

Dieser, wahrscheinlich zu geringe, Anstieg des errechneten Arbeitsvolumens trifft im Arbeitskoeffizienten $\left(\frac{A}{P}\right)$ mit einer ebenfalls möglicherweise geringfügig unterschätzten Entwicklung der Nettoproduktion zusammen. Die möglichen Fehler in den Einzelreihen heben sich also zu einem Teil wieder auf, so daß den empirisch ermittelten Werten des Arbeitskoeffizienten für den Maschinenbau insgesamt und seine Fachzweige kein zu großer Fehler anhaften dürfte.

3. Der Kapitaleinsatz des Maschinenbaus

Die empirische Erfassung des Kapitaleinsatzes im Maschinenbau bereitet vergleichsweise die größten Schwierigkeiten, da die notwendigen Ausgangsdaten — Bruttoinvestitionen und Lebensdauerverteilung — von der amtlichen Statistik nicht bereitgestellt werden. Bei der Berechnung des Kapitalbestandes spielen deshalb Schätzungen eine weitaus größere Rolle als bei der Ermittlung von Nettoproduktion und Arbeitsvolumen.

a) Die Erfassung der Bruttoinvestitionen

Die der Kapitalbestandsrechnung zugrunde gelegte Form der Kumulationsmethode erfordert weit in die Vergangenheit zurückreichende Investitionsreihen, da infolge der Wahl einer Lebensdauerverteilung anstelle der durchschnittlichen Lebensdauer über die maximale Lebensdauer der Investitionsgüter summiert wird[7]. Dies gilt insbesondere wegen ihrer Langlebigkeit für Bauten, zu einem Großteil auch für Maschinen, weniger hingegen für relativ

---

[7] Bei Unterstellung einer Lebensdauerverteilung gilt für den Kapitalbestand des Jahres i:
$$K_i = \sum_{n,\,j} a_n \cdot I_j^{\text{Brutto}} \text{, wobei: } \begin{array}{l} n = L_m, L_m-1 \ldots 1 \\ j = i - n + 1 \\ L_m = \text{maximale Lebensdauer.} \end{array}$$
Wird hingegen die Lebensdauerverteilung durch eine durchschnittliche Lebensdauer (L_d) angenähert, so wird lediglich über die durchschnittliche Lebensdauer summiert:
$$K_i = \sum_j I_j^{\text{Brutto}} \text{, wobei: } j = i - L_d + 1, i - L_d + 2 \ldots \ldots i.$$
Die durchschnittliche Lebensdauer (L_d), die stets kleiner als die maximale Lebensdauer (L_m) ist, läßt sich unmittelbar aus der Lebensdauerverteilung, die als Gewicht dient, und den Lebensjahren k

kurzlebige Wirtschaftsgüter wie Werkzeuge, Fahrzeuge etc. Derartige lange Zeitreihen stehen für die Bundesrepublik nicht zur Verfügung. Es ist jedoch nicht nur das Problem der Gebietsveränderung nach dem zweiten Weltkrieg, das der Kapitalbestandsrechnung nach der Kumulationsmethode entgegensteht, sondern darüber hinaus die fehlende Erhebung durch die amtliche Statistik[8]. Einen maßgeblichen Bestandteil der folgenden Kapitalbestandsrechnung bilden deshalb die Investitionserhebungen des Ifo-Instituts, die seit 1955 für den Maschinenbau und die wichtigsten Fachzweige dieser Branche auf Stichprobenbasis vorgenommen werden[9]. Ergänzt werden diese Daten durch die auf der Bilanzstatistik beruhenden Investitionsrechnungen des Deutschen Instituts für Wirtschaftsforschung[10] und durch Schätzungen mit Hilfe von Produktionsdaten für die Jahre vor 1950. Gerade bei den Schätzungen für die Vorkriegszeit sind Schätzfehler selbstverständlich nicht auszuschließen. Die größere Genauigkeit der Rechnung, die durch den Ansatz einer Lebensdauerverteilung anstelle einer durchschnittlichen Lebensdauer erzielt wird, wird also zumindest zu einem Teil durch den zunehmenden Unsicherheitsgrad bei weit zurückliegenden Investitionsdaten wieder aufgehoben. Der Einfluß solcher Ungenauigkeiten auf den Kapitalbestand darf indessen nicht überbewertet werden, da die weit zurückliegenden Investitionsjahrgänge wegen ihres geringen Umfanges nur einen kleinen, jährlich abnehmenden Anteil am Kapitalbestand der Jahre 1948 bis 1965 einnehmen. Zudem kommt in der Bundesrepublik nur noch ein geringer Teil dieser unsicher geschätzten Investitionen für den zu berechnenden Kapitalbestand in Betracht, da ein erheblicher Teil bereits vorzeitig als Folge von Kriegszerstörungen und Demontagen aus dem Produktionsprozeß ausgeschieden ist[11]. Wenngleich auch in diesem Fall der mögliche Fehler nicht exakt quantifiziert werden kann — auch die Fehlerrichtung läßt sich nicht feststellen —, kann seine Größenordnung doch in etwa anhand einer Proberechnung verdeutlicht werden. In Tabelle 4 ist für die Jahre 1950, 1955, 1960 und 1965 der Maschinenbestand ausgewiesen, wie er sich aufgrund der geschätzten Investitionsdaten und einer noch zu erläuternden

---

errechnen: $L_d = \sum_k b_k \cdot k$. Beide Berechnungsmöglichkeiten des Kapitalbestandes führen nur unter äußerst restriktiven Bedingungen zu demselben Ergebnis. Vgl. hierzu: W. Stürmer, Der Lebensdaueransatz in der Kapitalbestandsrechnung. Eine kritische Würdigung der Kumulationsmethode. „Mitteilungen des Rheinisch-Westfälischen Instituts für Wirtschaftsforschung", Berlin, Jg. 18 (1967), S. 25 ff.

[8] Die amtliche Statistik der Bundesrepublik hat erstmals 1963 im Rahmen des Industriezensus für 1962 nach den Investitionen gefragt.

[9] Vgl. hierzu: F. O. Bonhoeffer und W. R. Streck, Der Investitionstest des Ifo-Instituts — Ein Überblick über Entwicklung und heutigen Stand. „Ifo-Studien", Berlin - München, 12. Jg. (1966), S. 43.

[10] Die erhobenen Daten des Ifo-Instituts wurden mit der Entwicklung der Bilanzdaten zurückgeschrieben. Vgl. auch R. Krengel, Die Anlageinvestitionen der Industrie, insbesondere der Investitionsgüterindustrien, in der Bundesrepublik seit der Währungsreform. „Vierteljahrshefte zur Wirtschaftsforschung", Berlin, Jg. 1955, S. 339 ff.

[11] G. W. Harmssen, Reparationen, Sozialprodukt, Lebensstandard. Bremen 1948, H. 4, S. 69. — Ders., Am Abend der Demontage. Bremen 1951, S. 37 ff. Die Kriegsschäden werden für den Maschinenbau bei den Ausrüstungen mit 20 vH und bei den Bauten mit 25 vH des Bestandes von 1943 geschätzt; Demontagen werden mit 25 vH des Bestandes von 1947 veranschlagt. Die Prozentsätze für die einzelnen Fachzweige weichen hiervon mehr oder weniger stark ab.

Tabelle 4: Der Einfluß von Fehlschätzungen der Investitionen der Jahre vor 1950 auf den Maschinenbestand im Maschinenbau, 1950, 1955, 1960, 1965 (Bundesgebiet[1])

		1950	1955	1960	1965
1	Maschinenbestand in Mill. DM	1240,3	2729,3	4647,4	7028,9
	Anteil der Investitionen vor 1950 am Maschinenbestand in vH	86	25	8	2
2	Die Investitionen vor 1950 seien um 10 vH höher als angenommen:				
	Maschinenbestand in Mill. DM	1347,1	2796,9	4683,4	7044,4
	Abweichung von 1 in vH	+8,6	+2,5	+0,8	+0,2
3	Die Investitionen vor 1950 seien um 10 vH niedriger als angenommen				
	Maschinenbestand in Mill. DM	1133,6	2661,8	4611,4	7013,4
	Abweichung von 1 in vH	—8,6	—2,5	—0,8	—0,2

Eigene Berechnungen. — [1] Ab 1960 einschließlich Saarland und Berlin (West).

Lebensdauerverteilung für Maschineninvestitionen des gesamten Maschinenbaus ergibt. Die Lebensdauerverteilung bietet die Möglichkeit, den Maschinenbestand eines Jahres nach Jahrgängen zu gruppieren. Es zeigt sich deutlich, daß der Anteil der vor 1950 getätigten Investitionen am Kapitalbestand, der im Jahre 1950 noch 86 vH betrug, sehr rasch infolge der starken Investitionszunahme nach 1950 zurückgeht. Der Unsicherheitsfaktor, der durch die Investitionsschätzung in die Berechnung eingeht, reduziert sich also schon in den ersten Jahren des Untersuchungszeitraumes so beträchtlich, daß sich der Fehlerbereich in den Jahren nach 1955 — nur diese Jahre sind für die Projektion relevant — in engen Grenzen hält. Wie aus Tabelle 4 ersichtlich, wirkt sich beispielsweise eine zehnprozentige Über- oder Unterschätzung der vor dem Jahre 1950 getätigten Investitionen auf den Bestand des Jahres 1955 mit ± 2,5 vH, auf den Bestand des Jahres 1960 mit ± 0,8 vH und auf den Bestand des Jahres 1965 nur noch mit ± 0,2 vH aus. Selbst wenn der Schätzfehler bei den Maschineninvestitionen nicht zehn sondern zwanzig Prozent betrüge, wäre eine Berechnung des Maschinenbestandes aufgrund z. T. geschätzter Investitionen noch vertretbar, da sich der Fehlerbereich auch dann noch in erträglichen Grenzen hält.

Für Bau- und Werkzeuginvestitionen gilt im Prinzip das hier für Maschineninvestitionen Gesagte. Wegen der längeren Lebensdauer von Bauinvestitionen ist zwar von Seiten der Investitionsschätzung ein größerer Fehlerbereich zu erwarten, dafür enthält die Lebensdauerschätzung aber geringere Fehlermöglichkeiten.

b) Die Schätzung der ökonomischen Lebensdauer

Größere Schwierigkeiten als die Bereitstellung langer Investitionsreihen bereitet die Schätzung der ökonomischen Lebensdauer eines Investitionsjahrganges, die in Gleichung (2) als Häufigkeitsverteilung definiert wurde. Während Investitionsdaten wenigstens zum Teil der amtlichen Statistik oder anderen Veröffentlichungen entnommen werden können, ist man hier nahezu völlig auf Schätzungen angewiesen. In der Regel bieten steuerrechtliche Abschreibungsvorschriften und Erfahrungswerte aus der Praxis, die sich jeweils auf einzelne Investitionsgüter, nicht hingegen auf einen Investitionsjahrgang beziehen, die einzigen Anhaltspunkte für eine Lebensdauerschätzung. Im Falle des Maschinenbaus kann sich die Schätzung der Lebensdauerverteilungen für Bauten, Maschinen und Werkzeuge, Fahrzeuge etc. auf Lebensdauerangaben der Finanzverwaltung[12], veröffentlichte Erfahrungswerte[13] und Gespräche mit Vertretern des Vereins Deutscher Maschinenbauanstalten (VDMA) stützen. Über die Gewichtung dieser Einzelangaben fehlen jedoch zum gegenwärtigen Zeitpunkt ausreichende Informationen[14], die eine zuverlässige Berechnung der Lebensdauerverteilung erlauben würden.

Wie jedoch an anderer Stelle noch zu zeigen sein wird[15], spielt die Gewichtung der einzelnen Lebensdauerangaben für die Berechnung des Kapitalbestandes im Rahmen dieser Arbeit eine relativ unbedeutende Rolle. Wichtiger ist vielmehr die Ersetzung der „durchschnittlichen" Lebensdauer durch eine Häufigkeitsverteilung. Während nämlich eine unterschiedliche Gewichtung der Lebensdauerangaben hauptsächlich das Niveau des zu berechnenden Kapitalbestandes beeinflußt, führen Rechnungen aufgrund einer durchschnittlichen Lebensdauer auch zu einer anderen Entwicklung des Kapitalbestandes als bei Rechnungen mit Hilfe einer Lebensdauerverteilung. Die für die Vergangenheit festgestellte Entwicklung ist aber entscheidend für die Projektion von Kapitalkoeffizent und Kapitalintensität.

Die Sensitivität derartiger Berechnungen aufgrund der Wahl des Lebensdaueransatzes tritt am Beispiel der Ersatzinvestitionen ebenfalls deutlich hervor. Während die Lebensdauerverteilung eine Glättung der Zeitreihe herbeiführt, spiegeln sich in den mit Hilfe einer durchschnittlichen Lebensdauer geschätzten Ersatzinvestitionen Investitionsschwankungen vergangener Perioden wider. Auf diesen Zusammenhang weisen auch Grosse und Berman[16] hin.

---

[12] Afa-Lexikon, Hrsg. Bundesfinanzministerium, 2. Auflage, Heidelberg 1964.
[13] E. Kosiol, Anlagenrechnung, Theorie und Praxis der Abschreibungen, Wiesbaden 1955, S. 327 ff.
[14] Nur für das Jahr 1961 konnten die Investitionstabellen des Ifo-Instituts als Anhaltspunkt herangezogen werden.
[15] Vgl. hierzu S. 86 ff.

Im einzelnen werden folgende Lebensdauerverteilungen[17], getrennt nach Maschinen, Bauten sowie Werkzeugen und Fahrzeugen etc., gewählt, die für alle Fachzweige unterstellt werden[18]:

aa) Der Lebensdaueransatz für Maschinen

Für die in Schaubild 2 gewählte schiefe Form der Lebensdauerverteilungen für Maschineninvestitionen im Maschinenbau sprechen verschiedene Gründe. Die Festlegung des häufigsten Wertes von Verteilung I auf 15 Lebensjahre stützt sich in erster Linie auf die häufige Nennung dieses Wertes in der Afa-Tabelle. Geht man davon aus, daß die Nutzungsdauer von den Finanzämtern in der Regel zugunsten der Investoren — in diesem Falle also zu niedrig —

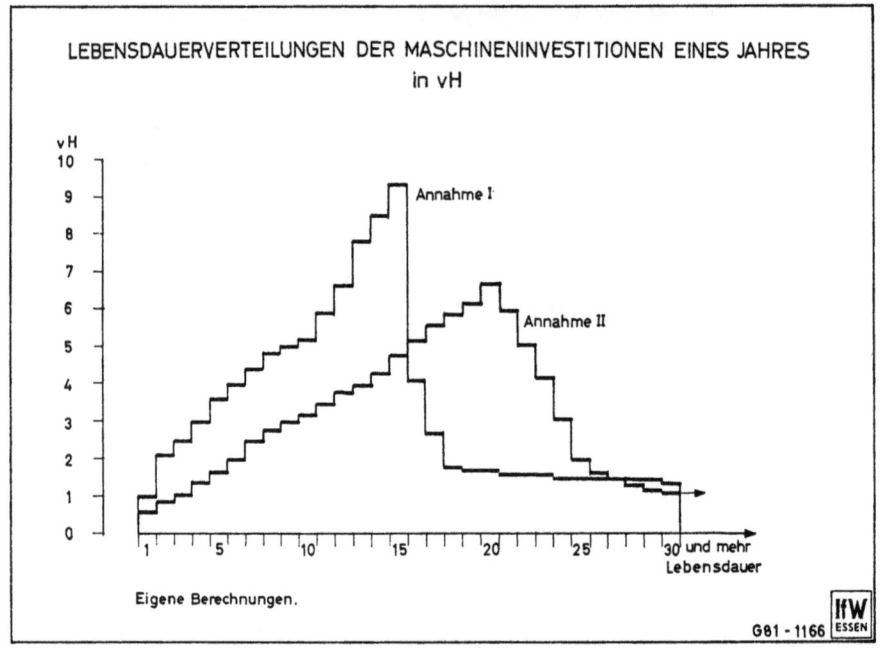

Schaubild 2

---

[16] R. W. Grosse and E. B. Berman, a.a.O., S. 395.
[17] Wegen der schmalen empirischen Basis werden je zwei extreme Häufigkeitsverteilungen (Verteilung I und II) unterstellt. Ihr Einfluß auf die Investitionsvorausschätzungen wird neben dem Einfluß einer durchschnittlichen Lebensdauer, die der Häufigkeitsverteilung I entspricht $(L_d = \sum b_k \cdot k)$, im dritten Kapitel analysiert.
[18] Mögliche Fehler, die mit dieser Annahme verbunden sind, lassen sich nicht quantifizieren. Sie dürften jedoch nicht sehr groß sein, da in allen Fachzweigen Werkzeugmaschinen eine dominierende Rolle spielen. Im übrigen werden Unterschiede zwischen den Fachzweigen indirekt durch unterschiedliche Anteile von Bauten, Maschinen und Werkzeugen ausreichend berücksichtigt.

bemessen wird, so kann Verteilung I als unteres Extrem der Lebensdauerschätzung betrachtet werden. Als oberes Extrem (Verteilung II) wird eine Lebensdauerverteilung mit einem um 33$^1/_3$ vH höheren häufigsten Wert unterstellt. Dieser liegt bei einer Lebensdauer von 20 Jahren. In beiden Fällen wird eine maximale Lebensdauer von 30 Lebensjahren angenommen, da zu erwarten ist, daß nach diesem Zeitraum — wenn auch nicht die technische — zumindest die wirtschaftliche Leistungsfähigkeit der Maschinen so weit herabgemindert ist, daß ein weiterer produktiver Einsatz nicht mehr möglich ist. Die Abweichung der unterstellten Verteilungen von einer Normalverteilung ist vor allem auf die Heterogenität der zum Einsatz gelangenden Maschineninvestitionen zurückzuführen. Ein Investitionsjahrgang besteht in der Regel aus einer Vielzahl von Investitionsgütern, die nicht nur in ihrer Funktion, sondern auch in ihrer Lebensdauer äußerst heterogen sein können. Während man bei jedem einzelnen Investitionsgut davon ausgehen kann, daß die t e c h n i s c h e Lebensdauer um einen Mittelwert „normalverteilt" ist, kann die ö k o n o m i s c h e Lebensdauer eines Investitionsgutes durchaus einer schiefen Verteilung entsprechen, da sie von zahlreichen unterschiedlichen Faktoren wie technischer Fortschritt, konjunkturelle Situation, Finanzlage des Investors etc. abhängt. Umsomehr kann eine schiefe Häufigkeitsverteilung der Lebensdauer für einen Investitionsjahrgang erwartet werden, da die Lebensdauer dort außer von der Lebensdauer der einzelnen Investitionsgüter zusätzlich von der Zusammensetzung der Investitionen abhängt.

Die letztere wird in erster Linie von den Produktionsbedingungen und nicht von den Gesetzen der Wahrscheinlichkeit bestimmt. Die Afa-Tabellen lassen für den Maschinenbau die Annahme zu, daß ein höherer Anteil der Maschineninvestitionen mit seiner Lebensdauer eher unter dem häufigsten Wert als über diesem liegt. Der hohe Anteil von Spezialmaschinen mit relativ kurzer Lebensdauer legt es zudem nahe, eine Lebensdauerverteilung zu unterstellen, die links vom häufigsten Wert eine größere Fläche einschließt als rechts von diesem. Außerdem kann aufgrund der Afa-Tabellen für den Maschinenbau angenommen werden, daß die Verteilung bis zum häufigsten Wert kontinuierlich ansteigt und danach wieder abfällt — also eingipfelig ist —, da nur ein geringer Prozentsatz der Maschinen eine sehr niedrige Lebensdauer und ebenfalls ein geringer Anteil eine sehr hohe Lebensdauer aufweist, so daß die Ausscheidungsprozentsätze bis zu einem bestimmten Alter — hier 15 bzw. 20 Jahre — ansteigen und danach wieder fallen.

bb) Der Lebensdaueransatz für Bauten

Da Bauinvestitionen im Vergleich zu Ausrüstungen einen hohen Homogenitätsgrad aufweisen, kann die Lebensdauer für diesen Teil eines Investitionsjahrgangs durch eine Normalverteilung angenähert werden. Die Afa-Tabellen weisen nur wenige gewerbliche Gebäudetypen auf, deren Lebensdauer zwischen 25 und 40 Jahren schwankt. Da auch hier davon ausgegangen werden kann, daß die Lebensdauerschätzung durch die Finanzämter zu niedrig erfolgt, außerdem die allgemeine Erfahrung lehrt, daß bei Bauten eine Lebensdauer von 50 Jahren keine Seltenheit ist, kann als untere Grenze eine symmetrische Verteilung mit dem häufigsten Wert bei 40 Jahren und als obere Grenze eine solche mit dem häufigsten Wert bei 60 Jahren unterstellt werden (Schaubild 3).

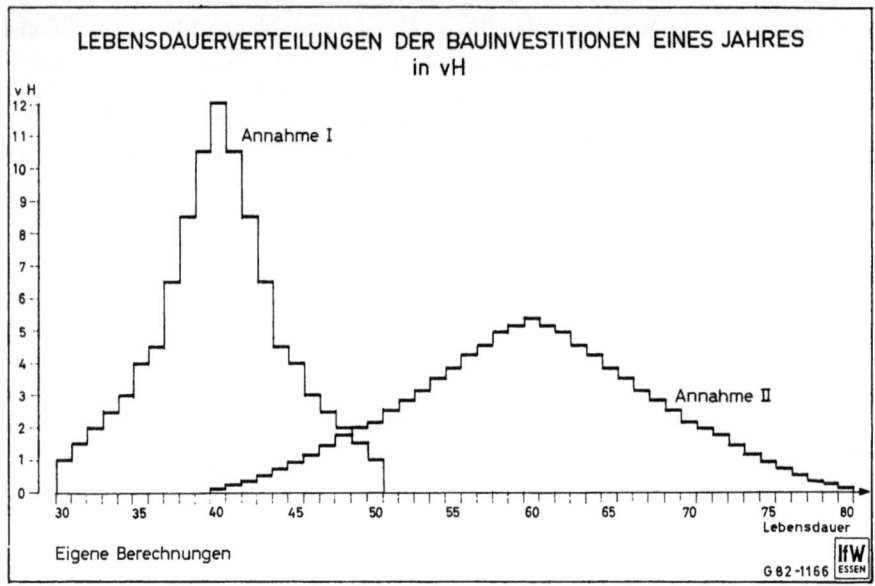

Schaubild 3

cc) Der Lebensdaueransatz für Werkzeuge, Fahrzeuge etc.

Obwohl dieser Teil der Investitionen ebenso wie die Maschineninvestitionen sehr heterogen ist, kann aufgrund der Afa-Tabellen eine symmetrische Verteilung für das Ausscheiden von Werkzeugen, Fahrzeugen usw. angenommen werden (Schaubild 4). So wird in der Afa-Tabelle für die meisten Werkzeuge eine Lebensdauer von 4 bis 5 Jahren, für Fahrzeuge eine solche von 5 Jahren angegeben. Da etwa in gleichem Maße Werte über und unter dieser Lebensdauer vorkommen, wird eine symmetrische Verteilung mit ihrem häufigsten Wert bei 5 Jahren als untere Grenze und eine ebenfalls symmetrische Verteilung mit dem häufigsten Wert bei 9 Jahren als obere Grenze für die Berechnung des Kapitalbestandes herangezogen.

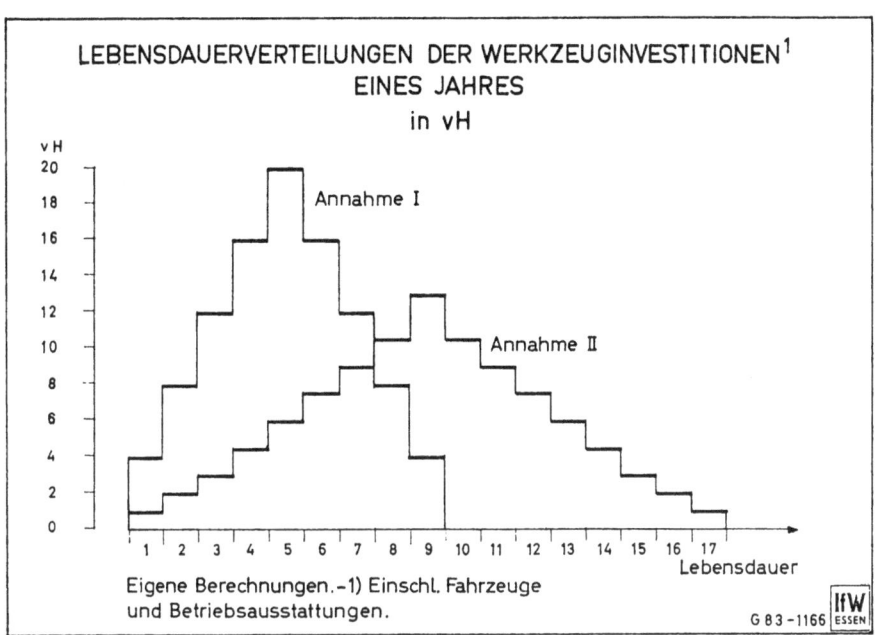

Schaubild 4

c) Die Berücksichtigung von Kriegszerstörungen und Demontagen in der Kapitalbestandsrechnung

Kriegszerstörungen und Demontagen lassen sich auf zwei Wegen in der Kapitalbestandsrechnung berücksichtigen:

— Eine Möglichkeit besteht in der Korrektur der Lebensdauerverteilungen für jene Investitionsjahrgänge, die in den Jahren 1942 bis 1945 durch Kriegszerstörungen und in den Jahren 1946 bis 1950 durch Demontagen vorzeitig aus dem Produktionsprozeß ausschieden. Diese Methode wird in Schaubild 5 verdeutlicht. Um denselben Anteil (F_1), um den die Fläche unter der Häufigkeitskurve in der Periode $t_2 - t_1$ durch Kriegsschäden und Demontagen erhöht wird, muß die Fläche in den nachfolgenden Jahren vermindert werden (F_2), damit die Gesamtfläche von 1 erhalten bleibt.

— Der zweite Weg besteht in einer antizipativen Berücksichtigung von Kriegszerstörungen und Demontagen in den Investitionsdaten. Während die erste Methode den Ausscheidungsprozeß der Wirklichkeit nachvollzieht, werden nach der zweiten Methode alle Investitionsjahrgänge, die in den Bestand der Jahre 1942–1950 eingehen, von vornherein um die Anteile von Kriegszerstörungen und Demontagen reduziert.

Beide Methoden führen zu dem gleichen Ergebnis. Der Rechenaufwand ist jedoch bei der zweiten Methode geringer.

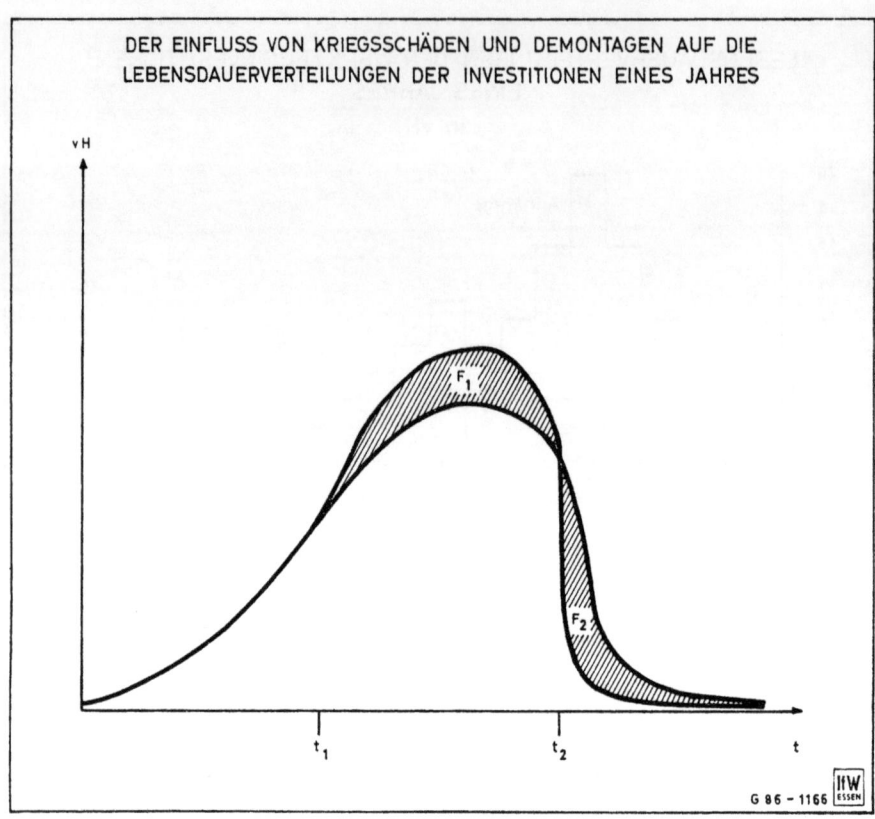

Schaubild 5

4. Die Vergleichbarkeit der Ausgangsdaten

Die Bildung aussagefähiger Verhältniszahlen aus den Grunddaten Nettoproduktion, Arbeitsvolumen und Kapitalbestand als Instrument von Analyse und Projektion setzt die Vergleichbarkeit der Ausgangsdaten voraus. Diese wurde bereits in der ökonomischen Definition der Daten und ihrer einheitlichen Abgrenzung nach hauptbeteiligten Industriegruppen so weit wie möglich berücksichtigt. Dennoch können die dargelegten Zeitreihen nicht ohne weitere Bearbeitung zur Bildung der Koeffizienten herangezogen werden. Wie Schaubild 6 zeigt, bewegen sich die drei Ursprungsreihen im Konjunkturverlauf nicht parallel, so daß sich Konjunktureinflüsse auch in den Koeffizienten widerspiegeln, die als Basis einer langfristigen Analyse dienen sollen. Deutliche Unterschiede in der Entwicklung zeigen sich vor allem zwischen dem Kapitalbestand auf der einen Seite und der Nettoproduktion und dem Arbeitseinsatz auf der anderen Seite. Diese Differenz, die sich vor allem in der Höhe der Amplitude und in einer Phasenverschiebung ausdrückt, ist primär auf die

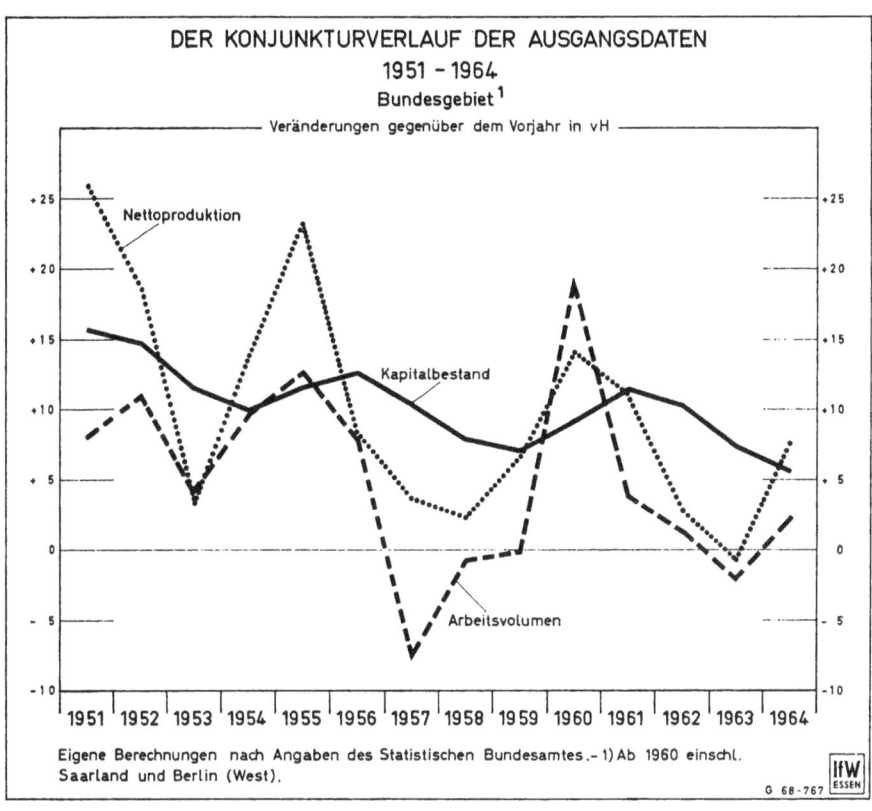

Schaubild 6

Definition des Kapitalinputs als Kapitalbestand zurückzuführen. In dieser Definition bleibt der Ausnutzungsgrad der Kapazitäten unberücksichtigt, der jedoch für die Bestimmung des effektiven Kapitaleinsatzes von großer Bedeutung ist. Um hierdurch hervorgerufene Konjunkturschwankungen in den Koeffizienten auszuschließen, ist ein geeigneter Glättungsmodus zu entwickeln. Hierzu bieten sich grundsätzlich zwei Möglichkeiten an:

(1) Die erste Möglichkeit besteht darin, den Konjunkturverlauf der drei Ursprungsreihen Nettoproduktion, Arbeitsvolumen und Kapital einander anzugleichen. Dies kann wiederum auf zwei Wegen geschehen:

Es besteht einmal theoretisch die Möglichkeit, die effektiven Werte für Nettoproduktion und Arbeitsvolumen durch Umrechnung in potentielle Größen denen des Kapitals anzugleichen. Die Umrechnung des Arbeitseinsatzes durch Addition der Arbeitszeit der Arbeitslosen zu dem tatsächlich geleisteten Arbeitsvolumen scheitert für Branchen jedoch an dem Fehlen einer nach Wirtschaftszweigen detaillierten Arbeitslosenstatistik.

Noch größere Schwierigkeiten treten bei der Ermittlung der Produktion auf, die dem Volleinsatz von Arbeit und Kapital entspricht. „Die Definition der vollen Kapazität mittels der Outputvariablen bereitet erhebliche Schwierigkeiten ... Hier stehen sich der Kapazitätsbegriff des Ingenieurs, der an technischen Kategorien ausgerichtet ist, und derjenige des Ökonomen, der auf die bezüglich der Kosten optimale Kapazität abzielt, gegenüber[19]." Die bislang entwickelten Umrechnungsverfahren[20], die in der Regel im Zusammenhang mit Produktionsfunktionen angewendet wurden, scheiden in der vorliegenden Untersuchung aus, da sie einen bestimmten Verlauf des Kapitalkoeffizienten voraussetzen, der jedoch erst durch die Koeffizientenbildung ermittelt werden soll.

Zum anderen kann der umgekehrte Weg beschritten werden durch Angleichung der Kapitalreihe an die übrigen Zeitreihen. Indessen muß auch dieser Weg in der vorliegenden Untersuchung außer Betracht bleiben, da für eine solche Umrechnung Unterlagen über die Kapazitätsauslastung benötigt werden. Diese werden zumeist aus dem konjunkturellen Verlauf des Kapitalkoeffizienten gewonnen. Es müßte also auch hier die erst anschließend festzustellende Entwicklung des Kapitalkoeffizienten bei der Umrechnung des Kapitalbestandes bereits vorgegeben werden.

(2) Eine zweite Möglichkeit zur Eliminierung der Konjunkturschwankungen aus den Verhältniszahlen Kapitalkoeffizient, Kapitalintensität und Arbeitskoeffizient besteht in einer formalen Glättung der drei Ursprungsreihen Kapital, Produktion und Arbeit. Hierzu bietet sich sowohl der mathematische Trend als auch die Methode der gleitenden Durchschnitte an. Während jedoch die Berechnung des mathematischen Trends bestimmte Vorstellungen über den langfristigen Verlauf der Zeitreihen voraussetzt, der erst durch die Berechnung ermittelt werden soll, ist der Ansatz des gleitenden Durchschnitts ohne derartige Antizipationen möglich. Aus diesem Grunde soll in der vorliegenden Untersuchung die Methode der gleitenden Durchschnitte – bei einem Fünf-Jahres-Rhythmus sind fünfgliedrige gleitende Durchschnitte erforderlich – als Glättungsmodus verwandt werden.

Die Methode hat jedoch den Nachteil, daß die Ausgangsreihen jeweils um zwei Anfangs- und zwei Endglieder gekürzt werden. Zudem erreicht sie das Ziel einer konjunkturbereinigten Koeffizientenentwicklung nur annäherungsweise, da sie Schwankungen nur abschwächt, nicht aber völlig eliminiert. Dennoch ist das Verfahren der gleitenden Durchschnitte den übrigen erwähnten Glättungsmöglichkeiten vorzuziehen, da es nicht von vornherein eine bestimmte Entwicklung der Koeffizienten oder ihrer Ausgangsdaten impliziert.

---

[19] P. Schönfeld, Probleme und Verfahren der Messung der Kapazität und des Auslastungsgrades, „Zeitschrift für die gesamte Staatswissenschaft", Tübingen, Bd. 123 (1967), H. 1, S. 27.
[20] Das bekannteste Verfahren zur Berechnung des potentiellen Outputs stammt von A. M. Okun, Potential GNP: Its Measurement and Significance. Reprinted from the 1962 Proceedings of the Business and Economic Statistics Section of the American Statistical Association, o. O., o. J.

Den auf diesen Durchschnittswerten basierenden Koeffizienten[21] (insbesondere dem Kapitalkoeffizienten) liegt keine maximale oder optimale Auslastung der Kapazitäten zugrunde, sondern eine langfristige Durchschnittsauslastung, wie sie in der Vergangenheit tatsächlich erzielt wurde. Dies ist eine geeignete Basis für die Schätzung langfristiger Nettoinvestitionen. Die Investitionsprojektion erfolgt also nicht unter „Optimal"-, sondern unter „Normalbedingungen".

C. Die ex post-Analyse als Grundlage der Projektion

Während die zukünftigen Ersatzinvestitionen unmittelbar aus den Daten der Vergangenheit hergeleitet werden können[22], basiert die Projektion der Nettoinvestitionen auf einer „Theorie" der Verhältniszahlen $\frac{K}{P}, \frac{K}{A}$ und $\frac{A}{P}$ und einer Schätzung der Produktionsentwicklung[23]. Die ex post-Analyse ist also (da eine Nachfrageanalyse ausgeklammert wird) gleichbedeutend mit einer

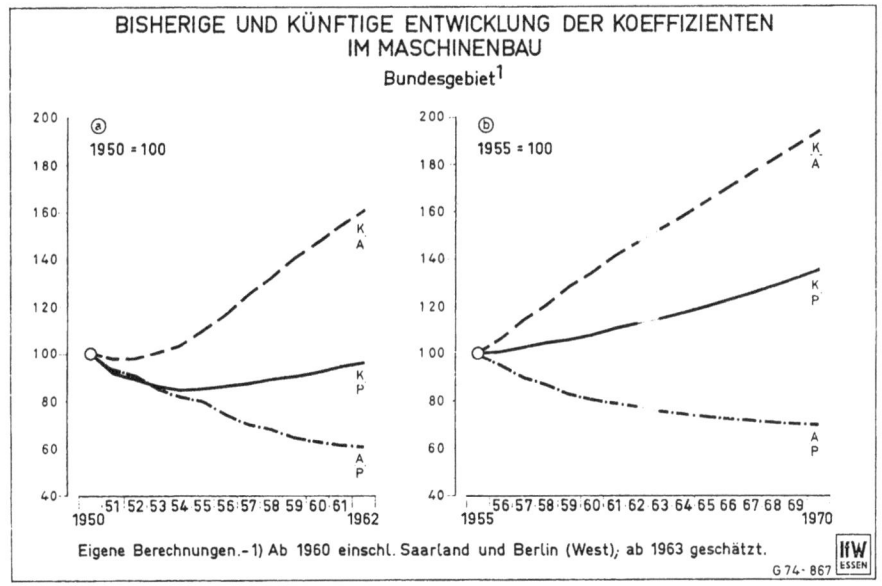

Schaubild 7

---

[21] Die Koeffizienten sind dem Anhang zu entnehmen.

[22] $I_i^{\text{Ersatz}} = \sum_{k,j} b_k \cdot I_j^{\text{Brutto}}$; näheres siehe S. 17.

[23] $I_i^{\text{Netto}} = \frac{K_i}{P_i} \cdot P_i - \frac{K_{i-1}}{P_{i-1}} \cdot P_i - 1; \quad \frac{K}{P} = \frac{K}{A} \cdot \frac{A}{P}$. Vgl. hierzu S. 19.

„Erklärung" des Verlaufs der oben genannten Koeffizienten. Ihre Aufgabe ist es, die für die Vergangenheit festgestellte Entwicklung auf ihre Bestimmungsgründe zurückzuführen und diese auf ihre Zukunftsrelevanz hin abzuschätzen. Wie Schaubild 7 a zeigt, war die Entwicklung der Koeffizienten des Maschinenbaus im gesamten Untersuchungszeitraum nicht einheitlich. Es läßt sich vielmehr in den Jahren 1954/55 eine deutliche Wende in der bisherigen Koeffizientenentwicklung erkennen, die nicht mit konjunkturellen Auslastungsschwankungen zu erklären ist. Dennoch dürfte sich zu Beginn der fünfziger Jahre ein sich wandelnder Auslastungsgrad der Kapazitäten in der Koeffizientenentwicklung widerspiegeln, der die Verhältniszahlen dieses Zeitabschnitts als Basis für eine mittel- bis langfristige Projektion der Koeffizienten bei „Normalauslastung" ungeeignet macht. Charakteristisch für diese Entwicklungsphase waren Maßnahmen zur Beseitigung der kriegs- und nachkriegsbedingten Engpässe als Folge von Kriegszerstörungen[24], Zonentrennung[25], Demontagen[26] und Produktionsbeschränkungen. Die vier genannten Ursachen der Kapazitätsbeeinträchtigung hatten im Maschinenbau dazu geführt, daß auch erhaltene Anlagen zum Teil nicht genutzt werden konnten. Durch relativ geringe Neuinvestitionen wurden diese Leerkapazitäten bis Mitte der fünfziger Jahre nach und nach erschlossen. Als Basis der Analyse verbleiben somit lediglich die Koeffizienten der Jahre nach 1955.

Wie weiter oben bereits erwähnt wurde, muß sich die Analyse im wesentlichen auf die Koeffizienten des gesamten Maschinenbaus stützen, da für eine detaillierte Untersuchung des Maschinenbaus nach Fachzweigen die empirische Basis nicht ausreicht. Die Hinzuziehung der zehn Fachzweige, für die statistisches Material zur Verfügung steht, bietet jedoch eine wertvolle Ergänzung, da durch eine Querschnittsanalyse der Fachzweige wichtige Zusammenhänge aufgedeckt werden können, die aus einer Globalanalyse des Maschinenbaus nicht hervorgehen, zumal im Rahmen dieser Untersuchung keine Vergleichsmöglichkeiten zwischen dem Maschinenbau und anderen Branchen bestehen. Die Rückführung der Koeffizientenentwicklung des Maschinenbaus auf ihre Bestimmungsgründe und deren Überprüfung auf ihre zukünftige Bedeutung erfolgt also auf zwei Wegen: über eine globale Zeitreihenanalyse und eine detaillierte Querschnittsanalyse. Die Querschnittsanalyse ermöglicht außerdem eine Schätzung der Koeffizienten für die zehn Fachzweige.

1. Analyse des Maschinenbaus insgesamt

a) Der Einfluß von Strukturverschiebungen innerhalb der Produktion auf die Koeffizientenentwicklung

Die Koeffizienten des gesamten Maschinenbaus lassen sich als gewogenes arithmetisches Mittel der entsprechenden Koeffizienten der Fachzweige deu-

---

[24] Vgl. G. W. Harmssen, Reparationen, Sozialprodukt, Lebensstandard, a.a.O., S. 69.
[25] Vgl. H. E. Selve, Strukturwandlungen der westdeutschen Maschinenindustrie der Nachkriegszeit. Kölner Dissertation 1957, S. 19.
[26] Vgl. G. W. Harmssen, Am Abend der Demontage, a.a.O.

ten[27], wobei die Produktionsanteile der Fachzweige als Gewichtungssystem dienen:

(11) $$\left(\frac{K}{P}\right)_i = \sum_F g_{F,i} \cdot \left(\frac{k}{p}\right)_{F,i}.$$

Es bedeuten:

F = Fachzweig,

$\left(\frac{K}{P}\right)_i$ = Kapitalkoeffizient des Maschinenbaus im Jahre i,

$g_{F,i}$ = Produktionsanteil eines Fachzweiges im Jahre i,

$\left(\frac{k}{p}\right)_{F,i}$ = Kapitalkoefffizient eines Fachzweiges im Jahre i.

Wie aus Gleichung (11) ersichtlich, wird die Veränderung des Kapitalkoeffizienten des gesamten Maschinenbaus durch zwei Entwicklungsprozesse bestimmt[28]: Durch die Veränderungen der Kapitalkoeffizienten der Fachzweige und durch eine Gewichtsverlagerung des Produktionsanteils zwischen den Fachzweigen.

Für eine rechnerische Aufteilung der effektiven Koeffizientenentwicklung auf beide Einflußfaktoren finden sich in der Literatur zwei verschiedene Verfahren, ein additives[29] und ein multiplikatives[30]. Ohne an dieser Stelle auf beide Möglichkeiten näher einzugehen[31], ist im vorliegenden Fall das additive Verfahren vorzuziehen, da es auf einem überschaubareren Gewichtssystem beruht und deshalb leichter ökonomisch zu interpretieren ist. Dieses spaltet die Gesamtentwicklung wie folgt auf[32]:

---

[27] Die „übrigen" Fachzweige, für die keine detaillierten Angaben vorliegen, müssen in der Rechnung als e i n Fachzweig zusammengefaßt werden.
[28] Für Kapitalintensität und Arbeitskoeffizient gilt Entsprechendes.
[29] Als Beispiel seien genannt: S. Fabricant, Employment in Manufacturing 1899–1939. New York 1942, S. 336 ff. — A. Maddison, Productivity in an Expanding Economy, „The Economic Journal", London, Bd. 62 (1952), S. 587.
[30] Vgl. G. Bombach, Quantitative und monetäre Aspekte des Wirtschaftswachstums. In: Finanz- und währungspolitische Bedingungen stetigen Wirtschaftswachstums. Hrsg. von W. G. Hoffmann, (Schriften des Vereins für Socialpolitik, NF. Bd. 15). Berlin 1959, S. 220.
[31] Siehe hierzu H. Riese, Strukturprobleme des wirtschaftlichen Wachstums. Kieler Dissertation 1959, S. 38 ff.
[32] Die Formel wurde aus der Grundgleichung $Z = X \cdot Y$ wie folgt gewonnen:

$$\frac{\Delta Z}{Z_0} = \frac{X_1 Y_1 - X_0 Y_0}{X_0 Y_0} = \frac{(X_0 + \Delta X)(Y_0 + \Delta Y) - X_0 Y_0}{X_0 Y_0}$$

$$= \frac{X_0 Y_0 + X_0 \Delta Y + \Delta X Y_0 + \Delta X \Delta Y - X_0 Y_0}{X_0 Y_0}$$

$$= \frac{\Delta Y}{Y_0} + \frac{\Delta X}{X_0} + \frac{\Delta X \cdot \Delta Y}{X_0 Y_0}$$

$$= \frac{\Delta Y \cdot X_0}{Z_0} + \frac{\Delta X \cdot Y_0}{Z_0} + \frac{\Delta X \cdot \Delta Y}{Z_0}.$$

(12) $$\frac{\Delta\left(\frac{K}{P}\right)}{\left(\frac{K}{P}\right)_0} = \frac{\sum_F \Delta\left(\frac{k}{p}\right)_F \cdot g_{F,0}}{\left(\frac{K}{P}\right)_0} + \frac{\sum_F \Delta g_F \cdot \left(\frac{k}{p}\right)_{F,0}}{\left(\frac{K}{P}_0\right)} + \frac{\sum_F \Delta\left(\frac{k}{p}\right)_F \cdot \Delta g_F}{\left(\frac{K}{P}\right)_0}.$$

Der erste Summand gibt die Entwicklung der Koeffizienten unter der Hypothese konstanter Produktionsanteile der Fachzweige wieder („strukturbereinigte Entwicklung"). Aus dem zweiten Summanden geht der Teil der Gesamtveränderung hervor, der auf die alleinige Anteilsverlagerung der Fachzweige zurückzuführen ist („Struktureffekt"). Beim dritten Summanden handelt es sich um einen nicht zurechenbaren Restfaktor, der zu Kontrollzwecken indes stets ausgewiesen werden sollte („joint effect"). Er fällt nur dann nicht ins Gewicht, wenn die betrachteten Veränderungen gering sind. Dies ist in der Regel bei der Aufspaltung von jährlichen Veränderungsraten der Fall.

Die Aufteilung der Koeffizientenentwicklung des gesamten Maschinenbaus in „strukturbereinigte Entwicklung", „Struktureffekt" und „joint effect" ist in Tabelle 5 dargestellt. Wie aus der Rechnung zu entnehmen ist, spielten im Untersuchungszeitraum Strukturverschiebungen zwischen den Fachzweigen, die zum Teil erheblich waren[33], für die Koeffizientenentwicklung nur eine untergeordnete Rolle, weil sich gegenläufige Entwicklungen weitgehend kompensierten. Wesentlicher Träger der Entwicklung waren die Veränderungen der Koeffizienten der Fachzweige. Dies gilt insbesondere für die Steigerung der Kapitalintensität bis zum Jahre 1960. Gegen Ende des Untersuchungszeitraums gingen entwicklungshemmende Wirkungen von den Strukturverschiebungen auf die Kapitalintensität aus. Den wichtigsten Beitrag zu dieser Entwicklung lieferte die starke Anteilszunahme des Fachzweiges Bau- und Baustoffmaschinen, dessen Kapitalintensität rund 30 vH unter dem Durchschnitt lag und der gleichzeitige Rückgang des Ackerschlepperbaus, der sich durch eine um 70 vH über dem Durchschnitt liegende Kapitalintensität auszeichnete (vgl. Tabelle 10).

Prozentual ein wenig stärker kam der Strukturfaktor in der Entwicklung von Kapital- und Arbeitskoeffizient zum Tragen. Das Absinken des Arbeitskoeffizienten wurde im gesamten Untersuchungszeitraum ein wenig gehemmt, insbesondere durch die starke Anteilszunahme des Büromaschinenbaus. In bezug auf den Kapitalkoeffizienten wechselte der Strukturfaktor im Untersuchungszeitraum seine Einflußrichtung. Bis zum Jahre 1960 verstärkte er vor allem durch das überdurchschnittliche Wachstum des Büromaschinenbaus die Zunahme des Kapitalkoeffizienten[34]. Danach ermöglichte die Anteilszunahme von Bau- und Baustoffmaschinen und die rückläufige Tendenz vor allem des Ackerschlepperbaus einen langsameren Anstieg des Kapitalkoeffizienten.

---
[33] Vgl. Tabelle 10.
[34] Der Kapitalkoeffizient des Büromaschinenbaus lag um rd. 50 vH über dem Maschinenbaudurchschnitt.

Tabelle 5: Strukturkomponenten der Koeffizientenentwicklung im Maschinenbau 1956–1962 in vH (Bundesgebiet[1])

Jahr	Gesamt-veränderung	davon		
		Strukturbereinigte Veränderung	Struktureffekt	joint effect
Kapitalkoeffizient $\left(\frac{K}{P}\right)$				
1956	+ 1,03	+ 0,86	+ 0,23	− 0,06
1957	+ 1,46	+ 1,33	+ 0,18	− 0,05
1958	+ 1,94	+ 1,74	+ 0,32	− 0,10
1959	+ 1,28	+ 1,15	+ 0,22	− 0,09
1960	+ 1,82	+ 1,57	+ 0,43	− 0,18
1961	+ 2,60	+ 2,86	− 0,36	+ 0,10
1962	+ 1,87	+ 2,11	− 0,14	− 0,10
Kapitalintensität $\left(\frac{K}{A}\right)$				
1956	+ 6,29	+ 6,45	− 0,05	− 0,11
1957	+ 7,39	+ 7,39	− 0,06	− 0,06
1958	+ 5,50	+ 5,66	− 0,19	+ 0,03
1959	+ 6,30	+ 6,57	− 0,06	− 0,21
1960	+ 4,61	+ 4,86	− 0,18	− 0,07
1961	+ 4,90	+ 5,30	− 0,27	− 0,13
1962	+ 4,07	+ 4,66	− 0,36	− 0,23
Arbeitskoeffizient $\left(\frac{A}{P}\right)$				
1956	− 4,96	− 5,07	+ 0,11	0,00
1957	− 5,52	− 5,62	+ 0,15	0,00
1958	− 3,39	− 3,61	+ 0,32	− 0,10
1959	− 4,68	− 4,87	+ 0,17	+ 0,02
1960	− 2,73	− 2,70	+ 0,06	+ 0,01
1961	− 2,17	− 2,21	+ 0,06	− 0,02
1962	− 2,08	− 2,47	+ 0,16	+ 0,13

Eigene Berechnungen. — [1] Ab 1960 einschließlich Saarland und Berlin (West).

b) Der Einfluß des technischen Fortschritts auf die Koeffizientenentwicklung

Die vielfältigen Erscheinungsformen des technischen Fortschritts lassen sich nach Ott durch zwei Wesensmerkmale charakterisieren:

„(1) die Schaffung neuer, d. h. bis zu der betreffenden Zeit unbekannter Produkte und

(2) den Übergang zu neuen Produktionsverfahren, die es gestatten, eine gegebene Menge von Produkten mit geringeren Kosten bzw. mit den gleichen Kosten eine größere Produktmenge herzustellen[35]."

Die Übertragung dieser Definition des technischen Fortschritts in die Sprache der Verhältniszahlen Kapitalintensität, Kapitalkoeffizient und Arbeitskoeffizient ist Tabelle 6 zu entnehmen[36]. In die tabellarische Übersicht wurden bewußt nur die Fälle des arbeitsparenden (Fälle 1 bis 3) und des neutralen[37] (Fall 4) technischen Fortschritts aufgenommen, da ein kapitalsparender tech-

Tabelle 6: Mögliche Wirkungen[1] des technischen Fortschritts auf die Kapitalintensität und den Kapital- und Arbeitskoeffizienten

Nr.	$\dfrac{K}{A}$	$\dfrac{K}{P}$	$\dfrac{A}{P}$	Veränderungen von K und A
1	+	+	−	dK +, dA − [2]
2	+	c	−	dK = 0, dA −
3	+	−	−	dK −, dA −
4	c	−	−	dK −, dA −

[1] Es bedeuten: +Zunahme, −Abnahme, c Konstanz. — [2] Nebenbedingung: $dK \cdot q < dA \cdot l$, wobei q = Kapitalkosten- und l = Arbeitskostensatz.

nischer Fortschritt $\left(\dfrac{K}{A}\text{ sinkt}\right)$ für den Untersuchungszeitraum als unrealistisch ausgeschlossen werden kann. Welcher der vier genannten Fälle für den Maschinenbau als typisch unterstellt werden kann, ist indessen nicht exakt nachzuweisen. Den ersten drei Fällen (arbeitsparender technischer Fortschritt) kann jedoch die größere Wahrscheinlichkeit eingeräumt werden, da empirische Untersuchungen gezeigt haben[38], daß sich die technische Forschung an der Ausstattung der Volkswirtschaft mit Produktionsfaktoren ausrichtet.

---

[35] Art. Technischer Fortschritt (A. E. Ott). Handwörterbuch der Sozialwissenschaften, Bd. 10, Stuttgart - Tübingen - Göttingen 1959, S. 302.
[36] Ebenda, S. 309.
[37] Hier im Sinne von Ott: Technischer Fortschritt bei konstanter Kapitalintensität.
[38] H. J. Habakkuk, American and British Technology in the Nineteenth Century. Cambridge 1962.

Damit wird jedoch eine mathematisch exakte Zurechnung der gesamten Koeffizientenentwicklung auf den Einfluß des technischen Fortschritts und den der Substitution unmöglich[39]. Lediglich aufgrund allgemeiner Überlegungen kann eine Aufteilung vorgenommen werden.

Es bestehen einige wichtige Anhaltspunkte für einen im Vergleich zur Substitution nur geringen Einfluß des technischen Fortschritts auf die Koeffizientenentwicklung im Untersuchungszeitraum. In der technischen Weiterentwicklung des Maschinenbaus besitzen Werkzeugmaschinen eine tragende Funktion. Da bei diesen die „Arbeitsgenauigkeit oft wichtiger (ist) als ihre quantitative Arbeitsleistung"[40], führt der technische Fortschritt im Maschinenbau nur in geringem Maße zu einer Senkung von Arbeits- und Kapitalkoeffizient in der hier gewählten Abgrenzung. Lediglich soweit im Untersuchungszeitraum Fortschritte in der Meßtechnik genutzt werden konnten (der Einführung der Elektrohydraulik kommt hier eine besondere Bedeutung zu), kann auch ein quantitativer Effekt des technischen Fortschritts unterstellt werden als Folge einer erhöhten Durchlaufgeschwindigkeit der Werkstücke gegenüber der üblichen Methode rein mechanischer Verfahrensbewältigung.

Auf einen im Verhältnis zur Substitution nur geringen Einfluß des technischen Fortschritts weisen ebenfalls folgende Überlegungen hin: Substitutionsvorgänge erhöhen in jedem Fall die Kapitalintensität, während der technische Fortschritt zwar mit einer Kapitalintensivierung verbunden sein kann, aber nicht muß (neutraler technischer Fortschritt im oben definierten Sinne). Demgegenüber führen beide Prozesse ex definitione zu einer Senkung des Arbeitskoeffizienten. Bei nennenswertem Einfluß des technischen Fortschritts wird deshalb der Arbeitskoeffizient stärker sinken als die Kapitalintensität ansteigt, während bei fehlendem technischen Fortschritt sich die Veränderungsraten beider Koeffizienten bis auf das Vorzeichen in etwa entsprechen dürften. Ein enger rechnerischer negativer Zusammenhang zwischen den Veränderungsraten von Kapitalintensität und Arbeitskoeffizient wird also um so eher bestehen, je geringer der Einfluß des technischen Fortschritts im Vergleich zur Substitution war[41]. Da sich für den Maschinenbau insgesamt ein signifikanter Korrelationskoeffizient[42] von $r = -0{,}96$ ergab, kann somit auch von dieser Seite ein geringer quantitativer Einfluß des technischen Fortschritts auf die Koeffizientenentwicklung unterstellt werden.

---

[39] Vgl. hierzu H. Walter, Technischer Fortschritt und Faktorsubstitution. „Jahrbücher für Nationalökonomie und Statistik", Stuttgart, Bd. 175 (1963), S. 97 ff.
[40] S. Reitschuler, Die Stellung der Maschinenindustrie im Prozeß der Industrialisierung. Köln - Opladen 1963, S. 231.
[41] Dies gilt jedoch nicht bei Harrod-neutralem technischen Fortschritt, bei dem unabhängig von der Fortschrittsrate stets ein Korrelationskoeffizient von −1 gegeben ist. Ein technischer Fortschritt in diesem Sinne liegt indes hier nicht vor, da der Kapitalkoeffizient steigt.
[42] Der Korrelationskoeffizient wurde nach der Formel berechnet:

$$r = \frac{\sum x_i y_i - \frac{1}{n} \sum x_i \sum y_i}{\sqrt{\left[\sum x_i^2 - \frac{1}{n}\left(\sum x_i\right)^2\right]\left[\sum y_i^2 - \frac{1}{n}\left(\sum y_i\right)^2\right]}}.$$

c) Der Einfluß der Substitution auf die Koeffizientenentwicklung

Auch die Erscheinungsformen der Substitution sind sehr vielfältig, zumal dann, wenn sie sich auf eine Branche beziehen. Die Substitution umfaßt sowohl betriebsinterne Rationalisierungsmaßnahmen als auch brancheninterne Änderungen der Produktionsmittelkombination in Form von Verschiebungen in der Betriebsgrößen- und Produktionsstruktur[43]. Eine Aufteilung der auf die Substitution entfallenden Gesamtveränderung der Kapitalintensität[44] in betriebsinterne und brancheninterne Vorgänge ist jedoch noch weniger möglich als eine Aufteilung der Gesamtentwicklung in technischen Fortschritt und Substitution. Während aus der untergeordneten Rolle des technischen Fortschritts für die Veränderungen der Koeffizienten indirekt auf ein Überwiegen der Substitutionsvorgänge geschlossen werden kann, bestehen nur wenige Anhaltspunkte für die Zusammensetzung des oben skizzierten Substitutionsprozesses in der Vergangenheit.

Wie am Beispiel der Kapitalintensität in Schaubild 8 deutlich wird, schwächte sich der Substitutionsprozeß während des Untersuchungszeitraums langsam ab, was sich nur zum Teil aus den bereits erwähnten Veränderungen der Produktionsstruktur erklärt. An dem beschriebenen Gesamtverlauf waren außerdem sowohl betriebsinterne Rationalisierungsmaßnahmen als auch Änderungen der Betriebsgrößenstruktur beteiligt. Ihr Einflußgebiet läßt sich indes nur tendenziell abstecken: Anstoß zu innerbetrieblichen Rationalisierungsmaßnahmen gab vor allem die Verschiebung der relativen Faktorpreise zugunsten des Kapitals[45]. Hierdurch ging von der Kostenseite ein stetiger Druck auf eine weitere Ersetzung von Arbeitskräften durch Kapital im Produktionsprozeß aus. Mit steigender Kapitalintensität setzten sich diesem Substitutionsprozeß jedoch von Seiten der herrschenden Produktionstechnik zunehmende Widerstände entgegen.

Wie Schaubild 8 zeigt, war zwar im eigentlichen Fertigungsbereich eine über den gesamten Zeitraum andauernde gleichmäßige Zunahme der Kapitalintensität möglich, Arbeitsersparnisse im Fertigungsbereich mußten jedoch mit einem Arbeitsmehraufwand insbesondere der vorgelagerten Bereiche (Projektierung, Konstruktion, Arbeitsvorbereitung) erkauft werden.

Der Arbeitsmehraufwand in den vorgelagerten Bereichen ist im wesentlichen gleichbedeutend mit einer Zunahme des Anteils der Angestellten an der Zahl der Beschäftigten[46], der in den letzten Jahren der Untersuchungsperiode von 25 auf 33 vH anwuchs. Die in dieser Form sich äußernde begrenzte Substitutionsmöglichkeit im Maschinenbau dürfte ihren Ursprung vor allem in der

---

[43] Der Einfluß dieses Faktors wurde bereits auf S. 43 ff. untersucht.

[44] Wegen der engen Korrelation zwischen $\frac{K}{A}$ und $\frac{A}{P}$ ($r = -0,96$) und der tautologischen Verknüpfung der Koeffizienten gilt die Argumentation auch für die übrigen beiden Verhältniszahlen.

[45] Rechnerisch läßt sich dieser Zusammenhang wegen des gleichzeitigen Einflusses anderer Faktoren nicht signifikant feststellen.

[46] Rund die Hälfte sind technische Angestellte.

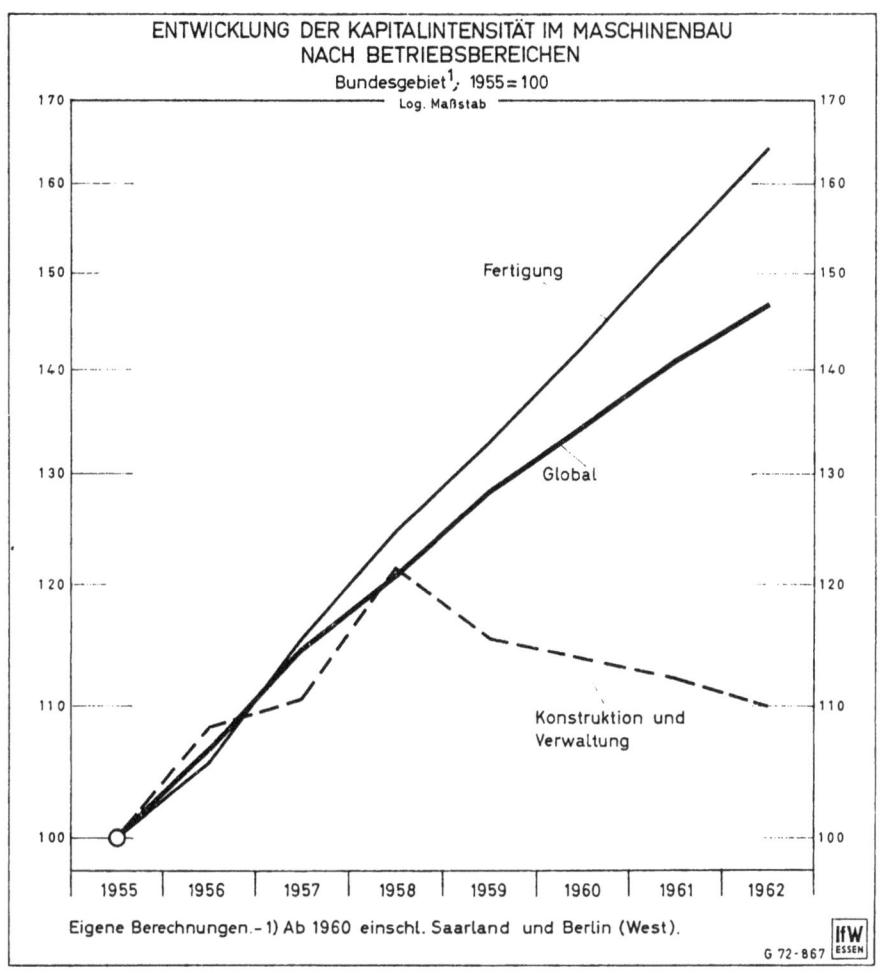

Schaubild 8

besonderen Funktion des Maschinenbaus im gesamtwirtschaftlichen Produktionsprozeß haben. Je mehr die Serienfertigung in den dem Maschinenbau nachgelagerten Industrien vordringt, um so vielfältiger und komplizierter wird die Maschinenproduktion[47]. Die seit 1960 zu beobachtende Verlangsamung der Kapitalintensivierung kann also im wesentlichen auf produktionstechnische Gründe zurückgeführt werden.

Dies gilt um so mehr, als sich von Seiten der Betriebsgrößenstrukturveränderung — also der branchenintemen Substitution — kein eindeutig bremsender

---

[47] Vgl. S. Reitschuler, a.a.O.

**Tabelle 7: Betriebsgrößenstruktur im Maschinenbau
1955—1962 (Bundesgebiet[1])**

Betriebsgrößenklasse nach der Zahl der Beschäftigten	Anteile in vH 1955	1962	Entwicklung 1955—1962 in vH
1— 99	66,4	61,9	— 6,8
100—499	26,7	29,4	+ 10,1
500—999	3,5	4,7	+ 34,3
1 000 und mehr	3,4	4,0	+ 8,1

Nach Angaben des Statistischen Bundesamtes. — [1] 1962 einschließlich Berlin (West).

Effekt feststellen läßt. Wie aus Tabelle 7 zu ersehen ist, ging im Untersuchungszeitraum der Anteil der Betriebe mit unter hundert Beschäftigten zurück, während die größeren Betriebe relativ zunahmen, insbesondere Betriebe mit 500 bis 999 Beschäftigten.

Diese Betriebsgrößenverschiebung dürfte, auch wenn das nicht mit Zahlen belegt werden kann, zu der beobachteten Zunahme der Kapitalintensität nicht unwesentlich beigetragen haben; denn „in der Regel verschiebt sich das Verhältnis zwischen der technischen Apparatur und der menschlichen Arbeit mit zunehmender Betriebsgröße zuungunsten der letzteren"[48], da der Einsatz kapitalintensiverer Verfahren jeweils eine Mindest-Betriebsgröße voraussetzt. Wie sich der Einfluß der Betriebsgrößenveränderungen auf die einzelnen Jahre des Untersuchungszeitraumes verteilt hat, kann aufgrund der statistischen Abgrenzung der Betriebsgrößenklassen nach der Beschäftigtenzahl nicht festgestellt werden. Da die Beschäftigtenzahl eines Betriebes gleichzeitig von innerbetrieblichen Rationalisierungsmaßnahmen abhängt, weisen die jährlichen Veränderungsraten der Betriebsgrößenklassen keine eindeutige Tendenz auf, sondern schwanken — oft mit wechselndem Vorzeichen — von Jahr zu Jahr.

Als Ergebnis der Zeitreihenanalyse des Maschinenbaus insgesamt kann festgehalten werden:

— Die beobachtete Koeffizientenentwicklung des gesamten Maschinenbaus beruhte in erster Linie auf der Veränderung der Koeffizienten der Fachzweige und nur in geringerem Maße auf einer Zunahme oder Abnahme des Anteils einzelner Fachzweige an der Maschinenproduktion.

— An der Zunahme der Kapitalintensität, dem Absinken des Arbeitskoeffizienten und dem leichten Anstieg des Kapitalkoeffizienten hatte der technische

---

[48] E. Gutenberg, Grundlagen der Betriebswirtschaftslehre. Erster Band: Die Produktion. 8./9. Auflage, Berlin - Göttingen - Heidelberg 1963, S. 314.

Fortschritt nur einen geringen Anteil. Technische Neuerungen im Maschinenbau, die sich überwiegend in einem erhöhten Präzisionsgrad der Fertigung ausdrücken, schlagen sich bei der gewählten Abgrenzung nur wenig in den Koeffizienten nieder.

— Der Verlauf der Koeffizienten des gesamten Maschinenbaus in den Jahren 1955—1962 (Schaubild 7 b) ist überwiegend das Ergebnis von Substitutionsprozessen sowohl innerbetrieblicher als auch branchenstruktureller Art. Innerbetriebliche Rationalisierungsmaßnahmen stoßen etwa seit 1960 auf wachsende produktionstechnische Hemmnisse, so daß die Kapitalintensität nur noch mit geringeren Zuwachsraten ansteigt als zuvor, während der Arbeitskoeffizient nur noch verlangsamt sinkt. Der Kapitalkoeffizient nimmt hingegen mit wachsenden Zuwachsraten zu.

2. Analyse der Fachzweige des Maschinenbaus

Die Heterogenität des Maschinenbaus äußert sich sowohl in einem nach Fachzweigen unterschiedlichen Koeffizientenniveau als auch in einer verschiedenen Koeffizientenentwicklung (Schaubild 9). Eine Querschnittsanalyse beider Komponenten — Niveau und Entwicklung — kann somit eine wichtige Ergänzung der vorangegangenen Globalbetrachtung liefern, die gleichzeitig eine konsistente Vorausschätzung der Koeffizienten der Fachzweige im Rahmen der Gesamtbranche ermöglicht.

Von einer solchen Querschnittsanalyse darf indessen nicht zu viel erwartet werden, da wegen des gleichzeitigen Einflusses mehrerer Faktoren auf die Koeffizienten nur eine ceteris paribus-Betrachtung ohne exakte Quantifizierung vorgenommen werden kann. Die Einflußrichtung der wichtigsten Determinanten kann dabei jedoch offengelegt werden.

a) Die Niveaudifferenzierung[49]

Unterschiede im Koeffizientenniveau erklären sich vor allem aus der unterschiedlichen Ausprägung von drei Einflußfaktoren: Betriebsgrößenstruktur, Wettbewerbsintensität und Fertigungsverfahren.

aa) Betriebsgrößenstruktur und Koeffizientenniveau

Der Einfluß der Betriebsgröße auf die Kapitalintensität wurde bereits in der Zeitreihenanalyse des gesamten Maschinenbaus erwähnt. Große Betriebe arbeiten in der Regel nicht nur kapitalintensiver; sie erzielen zumeist auch durch den Einsatz modernerer Verfahren eine höhere Effizienz der Produktionsfaktoren. „Ganz ohne Zweifel besteht ein gewisser Zusammenhang zwischen arbeitsorganisatorischen und fertigungstechnischen Möglichkeiten einerseits und Betriebsgröße andererseits. Jede arbeitsorganisatorische Regelung und

---

[49] Die Betrachtung bezieht sich auf das Jahr 1960.

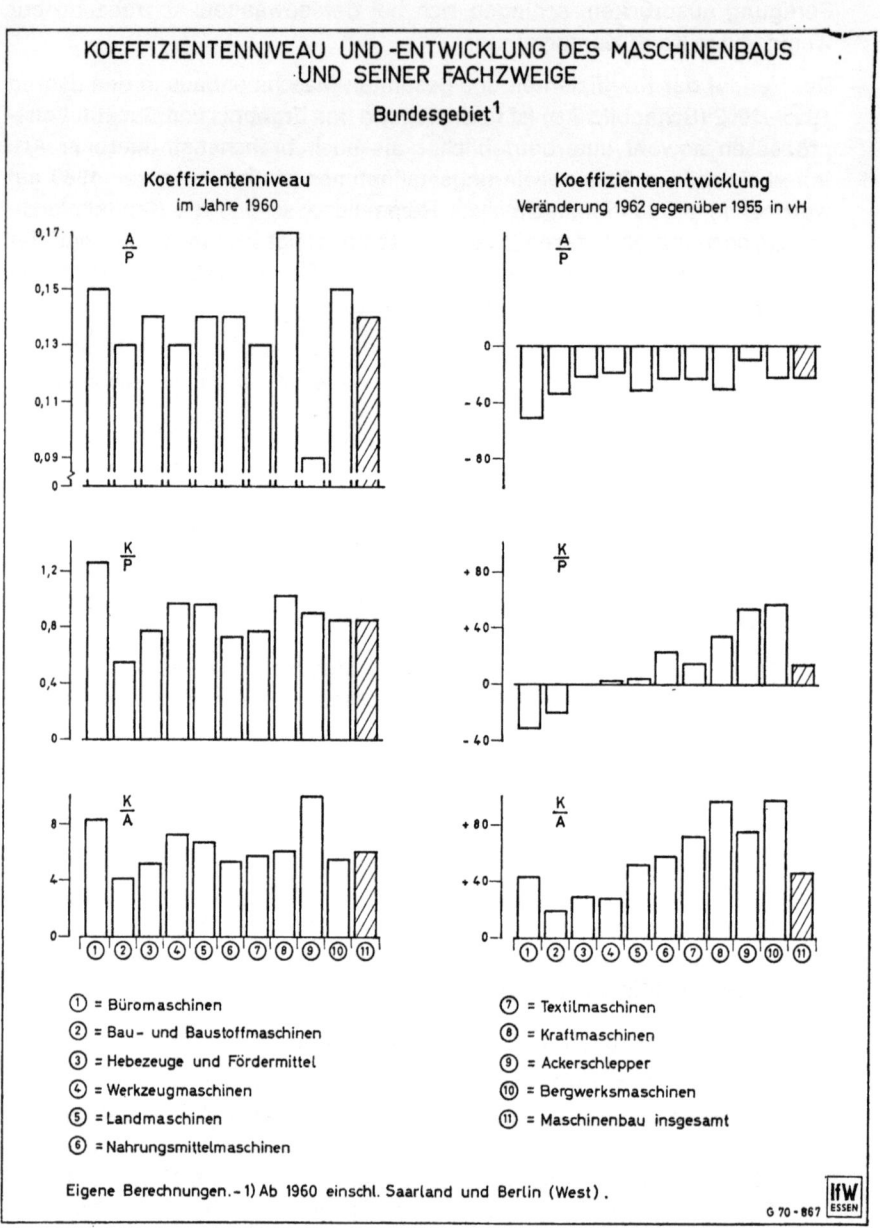

Schaubild 9

Fertigungstechnik hat technisch Bezug auf einen bestimmten, wenn auch nicht immer abgegrenzten Umfang betrieblicher Leistungserstellung[50]." Tendenziell kann — bei Ausschaltung aller anderen Einflußfaktoren — für Fachzweige mit einem überdurchschnittlichen Anteil der Großbetriebe[51] ein unterdurchschnittliches Niveau von Kapital- und Arbeitskoeffizient unterstellt werden.

Der hier angedeutete Zusammenhang gilt für den Kapitalkoeffizienten jedoch nur mit Einschränkungen, da — wie in Tabelle 6 gezeigt werden konnte — je nach Art des technischen Fortschritts (hier der „economies to scale") der Kapitalkoeffizient bei einer Zunahme der Betriebsgröße sowohl steigen, sinken als auch konstant bleiben kann, während der Arbeitskoeffizient in jedem Fall sinkt. Nur wenn im Maschinenbau der Kapitalkoeffizient mit zunehmender Betriebsgröße sinkt[52], gilt der oben angenommene Zusammenhang.

Wie aus Schaubild 10 ersichtlich, sind in den Bereichen Büromaschinen, Ackerschlepper, Textilmaschinen und Baumaschinen Großbetriebe überdurchschnittlich stark vertreten. Aufgrund des alleinigen Einflusses der Betriebsgröße kann also für diese Fachzweige mit den erwähnten Einschränkungen eine überdurchschnittlich hohe Kapitalintensität sowie ein unterdurchschnittliches Niveau von Kapital- und Arbeitskoeffizient unterstellt werden.

Eindeutig unter dem Maschinenbaudurchschnitt der genannten Art befindet sich lediglich der Nahrungsmittelmaschinenbau. Dieser Fachzweig, der für äußerst heterogene Bereiche des Nahrungsmittelhandwerks und der Nahrungsmittelindustrie Maschinen produziert, weist noch starke handwerkliche Züge auf. Für diesen Fachzweig können also aufgrund der Betriebsgrößenstruktur eine unterdurchschnittlich hohe Kapitalintensität und ein überdurchschnittlich hoher Kapital- und Arbeitskoeffizient erwartet werden.

bb) Wettbewerbsintensität und Koeffizientenniveau

Die Intensität des Wettbewerbs auf einem Markt wirkt sich in der Regel auf die Effizienz der eingesetzten Produktionsfaktoren aus. Je intensiver die verschiedenen Anbieter sich um einen nur begrenzt aufnahmefähigen Markt bemühen müssen, um so moderner und effizienter dürften die Produktionsverfahren sein. Nach Fachzweigen unterschiedliche Wettbewerbsverhältnisse könnten deshalb eine Ursache für die festgestellte Differenzierung des Koeffizientenniveaus der Fachzweige sein.

Die empirische Überprüfung des vermuteten Zusammenhangs ist jedoch nur begrenzt möglich, da lediglich das Maß der „Außenhandelsverflechtung" in den Vergleich der Wettbewerbsintensität der Fachzweige einbezogen werden kann[53]. Als „Außenhandelsverflechtung" sei das Zusammenspiel von Export-

---

[50] E. Gutenberg, a.a.O., S. 316.
[51] Bezogen auf den Maschinenbau insgesamt.
[52] Die gleiche Hypothese liegt den nachfolgenden Erörterungen des Zusammenhangs zwischen Wettbewerbsintensität und Koeffizientenniveau bzw. Fertigungsverfahren und Koeffizientenniveau zugrunde.
[53] Über die Konkurrenzbeziehungen der inländischen Anbieter auf dem Inlandsmarkt liegen keine statistischen Angaben vor.

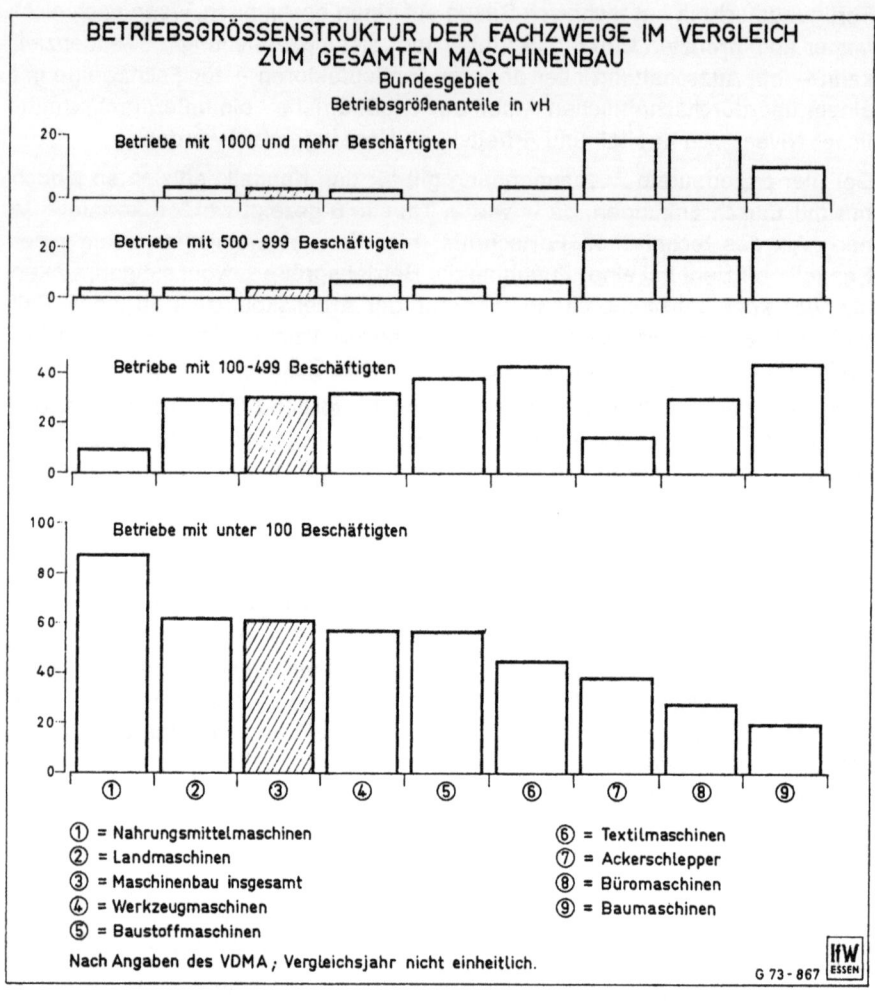

Schaubild 10

und Importquoten[54] je Fachzweig definiert. Wie Schaubild 11 zeigt, weisen die Fachzweige mit einem hohen Exportanteil (Textil-, Büro- und Werkzeugmaschinenbau) gleichzeitig eine vergleichsweise hohe Importquote auf, während in anderen Fachzweigen sowohl Export als auch Import nur eine untergeordnete Rolle spielen (Land- und Bergwerksmaschinenbau). Als Besonderheit der Außenhandelsverflechtung des Maschinenbaus fällt auf, daß die Import- und Exportströme der einzelnen Fachzweige vorwiegend Güter enthalten, die dem-

---

[54] Im Gegensatz zu der sonst üblichen Terminologie wird hier der Import wie der Export auf die Inlandsproduktion bezogen.

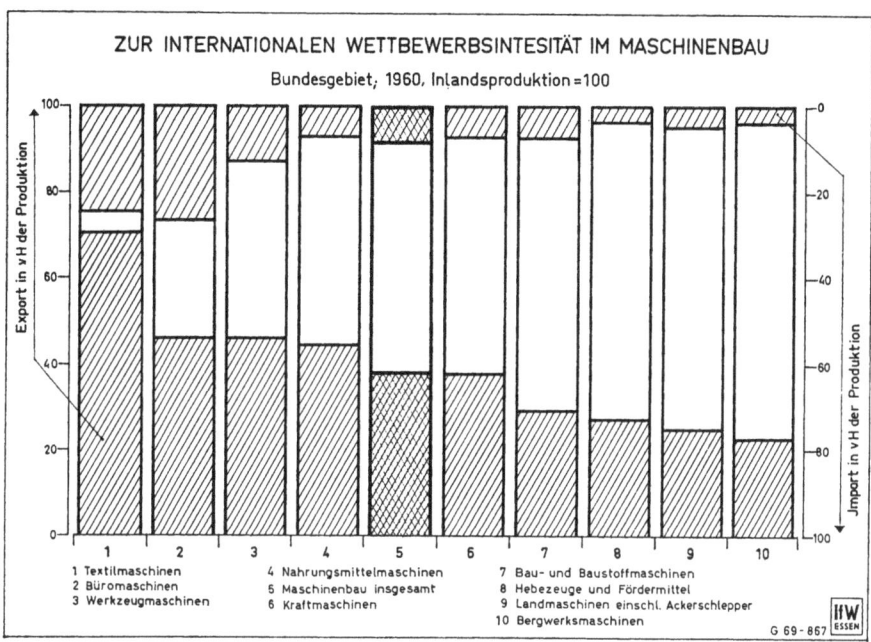

Schaubild 11

selben Zweck dienen. Im Jahre 1966 bestanden beispielsweise 16 vH des Exports im Textilmaschinenbau aus Strickmaschinen. Gleichzeitig nahm diese Maschinengruppe einen ähnlich hohen Anteil am Import ein. Für andere Fachzweige lassen sich ähnliche Tendenzen beobachten.

Da also die importierten Maschinen die Aufnahmefähigkeit des Inlandsmarktes für heimische Erzeugnisse reduzieren, kann davon ausgegangen werden, daß der Zwang zu exportieren um so stärker ist, je größer die Importquote in einem Fachzweig ist. Mit diesem Zwang zum Export dürfte in der Regel eine Steigerung der Effizienz der Produktionsfaktoren einhergehen, zumal die in die Bundesrepublik exportierenden Länder in den meisten Fällen gleichzeitig die wichtigsten Abnehmerländer für deutsche Maschinen sind.

Aus einer Differenzierung der Wettbewerbsintensität im oben definierten Sinne könnte deshalb eine Differenzierung des Koeffizientenniveaus der Fachzweige mit folgender Tendenz resultieren:

Fachzweige mit hoher Export- und Importquote weisen aller Wahrscheinlichkeit nach — ceteris paribus — eine überdurchschnittliche Kapitalintensität sowie ein unterdurchschnittliches Niveau von Kapital-[55] und Arbeitskoeffizient auf (Textilmaschinen, Büromaschinen und Werkzeugmaschinen). Die nur

---

[55] Die Einschränkungen von S. 54 sind auch hier zu beachten.

geringe Bedeutung der Außenhandelsverflechtung in den Fachzweigen Bau- und Baustoffmaschinen, Hebezeuge und Fördermittel, Landmaschinen (einschließlich Ackerschlepper) und Bergwerksmaschinen wirkt hingegen auf eine nur unterdurchschnittliche Kapitalintensität sowie ein überdurchschnittliches Niveau von Kapital- und Arbeitskoeffizient hin.

cc) Fertigungsverfahren und Koeffizientenniveau

Das vorwiegend angewandte Fertigungsverfahren kann sowohl als der wichtigste als auch der am schwierigsten faßbare Einflußfaktor für eine Differenzierung der Fachzweige betrachtet werden. Aus der unterschiedlichen Stellung der Fachzweige innerhalb der Gesamtwirtschaft resultiert eine Einflußkette, die via Absatzbreite – Heterogenität des Produktionsprogramms – Losgröße – Fertigungsverfahren auf das Koeffizientenniveau der Fachzweige unterschiedlich starken Einfluß nimmt. Es liegt auf der Hand, daß sich solch ein komplexer Einflußfaktor nicht in Zahlen ausdrücken läßt. Es kann deshalb lediglich versucht werden, einige besondere Aspekte des Einflußkomplexes herauszugreifen und deren Auswirkungen auf das Koeffizientenniveau tendenziell abzustecken.

In diesem Zusammenhang ist der „Mechanisierungsgrad" der Produktion sehr bedeutsam[56]. Dieser hängt vor allem von zwei Faktoren ab: der Absatzbreite jedes einzelnen Produktes und der Möglichkeit zur „Standardisierung"[57]. Unter Berücksichtigung der Absatzbreite und (oder) der Standardisierungsbedingungen lassen sich also die Fachzweige in solche mit einem hohen bzw. niedrigen Mechanisierungsgrad bezogen auf den Maschinenbaudurchschnitt einstufen. Ein hoher Mechanisierungsgrad ist ceteris paribus gleichbedeutend mit einer überdurchschnittlich hohen Kapitalintensität und einem unterdurchschnittlich hohen Niveau von Kapital-[58] und Arbeitskoeffizient.

Ein ebenso bedeutsamer Gesichtspunkt wie der Mechanisierungsgrad ist der vom Maschinenbau z. T. verlangte hohe Präzisionsgrad, der einen relativ hohen Arbeitseinsatz, gleichzeitig jedoch den Einsatz hochwertiger Maschinen erforderlich macht. Ein typisches Beispiel hierfür liefert der Werkzeugmaschinenbau, in dem die Einzelfertigung unter „Verwendung von Vielzweckmaschinen mit Einmannbedienung"[59] dominiert. In solchen Fällen ist auch bei niedrigem Mechanisierungsgrad die Kapitalintensität überdurchschnittlich hoch. Im Hinblick auf das Niveau von Kapital- und Arbeitskoeffizient ist die Wirkung eines hohen Präzisionsgrades indes ähnlich wie ein unterdurchschnittlicher

---

[56] P. Riebel, Industrielle Erzeugungsverfahren in betriebswirtschaftlicher Sicht. (Die Wirtschaftswissenschaften, Hrsg. E. Gutenberg, Reihe A: Betriebswirtschaftslehre, Nr. 12.) Wiesbaden 1963, S. 113: Als Mechanisierung wird der „Vorgang der allmählichen Substitution wiederkehrender menschlicher Arbeitsverrichtungen, und zwar sowohl körperlicher wie geistiger Tätigkeit, durch technische Einrichtungen der verschiedensten Art" verstanden.
[57] Zu dem Zusammenhang zwischen „kritischem Standardisierungsmaß" und Fertigungsverfahren vgl. E. Gutenberg, a.a.O., S. 81.
[58] Die Einschränkungen von S. 54 sind auch hier zu beachten.
[59] S. Reitschuler, a.a.O., S. 241.

Mechanisierungsgrad: Je Zeiteinheit entfällt auf die eingesetzten Produktionsfaktoren bei hohem Präzisionsgrad eine relativ geringe Produktmenge, so daß Kapital-[60] und Arbeitskoeffizient über dem Durchschnitt liegen.

Ausgangsdaten und Ergebnisse der Querschnittsanalyse des Koeffizientenniveaus sind zusammenfassend in Tabelle 8 dargestellt. Diese Übersicht enthält in Spalte 1 Meßziffern, die über das relative Koeffizientenniveau der Fachzweige im Vergleich zum Maschinenbaudurchschnitt im Jahre 1960 Auskunft geben. Zur Berechnung der Meßziffern wurden jeweils die Verhältniszahlen der Fachzweige: Kapitalintensität $\left(\frac{K}{A}\right)$, Kapitalkoeffizient $\left(\frac{K}{P}\right)$ und Arbeitskoeffizient $\left(\frac{A}{P}\right)$ durch die entsprechenden Koeffizienten des gesamten Maschinenbaus dividiert. Ist die so berechnete Meßziffer für einen Fachzweig größer als 1, so liegt das Koeffizientenniveau in dem betreffenden Fachzweig über dem Maschinenbaudurchschnitt, ist hingegen die Meßziffer kleiner als 1, so ist das fachzweigspezifische Koeffizientenniveau nur unterdurchschnittlich.

In Spalte 2 sind die weiter oben erörterten möglichen Einflußfaktoren der Niveaudifferenzierung stichwortartig zusammengefaßt. Die wichtigsten Determinanten wie Betriebsgrößenstruktur, Wettbewerbsintensität und Fertigungsverfahren wurden zu diesem Zweck ebenfalls auf den Maschinenbaudurchschnitt bezogen.

In Spalte 3 der Tabelle wird versucht, die Einflußrichtung der genannten Faktoren auf das Koeffizientenniveau anzugeben. Ein Plus ($+$) hinter einem Einflußfaktor bedeutet ein überdurchschnittliches Koeffizientenniveau aufgrund dieses Faktors, ein Minus ($-$) hingegen ein unterdurchschnittliches Niveau.

Aufgrund des vorhandenen statistischen Materials lassen sich diese Einzeleinflüsse indessen nicht gewichten. Die Schlußfolgerungen, die aus einer solchen Analyse der Fachzweige gezogen werden, beruhen deshalb ebenso auf Intuition und allgemeinen Überlegungen, wie schon bei der Globalanalyse des gesamten Maschinenbaus. Die Gewichtung erfolgt jedoch auch hier nicht völlig willkürlich, da die tautologische Beziehung zwischen Kapitalkoeffizient, Kapitalintensität und Arbeitskoeffizient auch für die Fachzweige gilt.

b) Die unterschiedliche Koeffizientenentwicklung

Die aus Schaubild 9 ersichtliche, zum Teil stark differenzierte Koeffizientenentwicklung der Fachzweige kann sowohl sachlich-ökonomisch als auch mathematisch-formal erklärt werden. Beide Gesichtspunkte müssen in der Analyse gleichzeitig beachtet werden, da jede der beiden Betrachtungsweisen die bestimmenden Größen einer differenzierten Koeffizientenentwicklung nur unvollkommen erfassen kann. Während sich der differenzierende Einfluß der wichtigsten ökonomischen Faktoren (insbesondere der Veränderung der Betriebsgrößenstruktur, der Wettbewerbsintensität und des Fertigungsverfahrens) auf

---

[60] Für den Kapitalkoeffizienten gilt dies nur unter Beachtung der Einschränkungen von S. 54.

Tabelle 8: Ausgangsdaten und Ergebnisse der Querschnittsanalyse des Koeffizientenniveaus der Maschinenbaufachzweige 1960 (Bundesgebiet)

Fachzweige	Relatives Koeffizientenniveau Ges. Maschb. = 1			Mögliche Einflußfaktoren	Einflußrichtung		
	$\frac{K}{A}$	$\frac{K}{P}$	$\frac{A}{P}$		$\frac{K}{A}$	$\frac{K}{P}$	$\frac{A}{P}$
	1			2	3		
Büromaschinen	1,4	1,5	1,1	überd. Ant. d. Großbetriebe überd. Wettbewerbsintensität überd. Mechanisierungsgrad überd. Präzision	+ + + +	− − − +	− − − +
Bau- und Baustoffmaschinen	0,7	0,7	0,9	überd. Ant. d. Großbetriebe unterd. Wettbewerbsintensität überd. Mechanisierungsgrad unterd. Präzision	+ − + −	− + − −	− + − −
Hebezeuge und Fördermittel	0,9	0,9	1,0	Betriebsgrößenstruktur unbek. unterd. Wettbewerbsintensität durchschn. Mechanisierungsgr. Präzisionsgrad unterschiedlich	−	+	+
Werkzeugmaschinen	1,2	1,1	0,9	durchschn. Ant. d. Großbetriebe überd. Wettbewerbsintensität unterd. Mechanisierungsgrad überd. Präzision	+ − +	− + +	− + +
Landmaschinen	1,1	1,1	1,0	durchschn. Ant. d. Großbetriebe unterd. Wettbewerbsintensität durchschn. Mechanisierungsgr. Präzisionsgrad unterschiedlich	−	+	+
Nahrungsmittelmaschinen	0,9	0,9	1,0	unterd. Ant. d. Großbetriebe durchschn. Wettbewerbsintens. unterd. Mechanisierungsgrad unterd. Präzision	− − −	+ + −	+ + −
Textilmaschinen	1,0	0,9	0,9	überd. Ant. d. Großbetriebe überd. Wettbewerbsintensität durchschn. Mechanisierungsgr. Präzisionsgrad unterschiedlich	+ +	− −	− −
Kraftmaschinen	1,0	1,2	1,2	Betriebsgrößenstruktur unbek. durchschn. Wettbewerbsintens. überd. Mechanisierungsgrad überd. Präzision	+ +	− +	− +
Ackerschlepper	1,7	1,1	0,6	überd. Ant. d. Großbetriebe unterd. Wettbewerbsintensität überd. Mechanisierungsgrad durchschn. Präzision	+ − +	− + −	− + −
Bergwerksmaschinen	0,9	1,0	1,1	Betriebsgrößenstruktur unbek. unterd. Wettbewerbsintensität durchschn. Mechanisierungsgr. unterd. Präzision	− −	+ −	+ −
Alle zehn Fachzweige	1,1	1,0	0,9				

Eigene Berechnungen.

die Koeffizientenentwicklung der Fachzweige nur der Einflußrichtung nach abstecken läßt, erlaubt die formale Aufteilung der Gesamtentwicklung auf die Einwirkung von Substitution und technischen Fortschritt eine gewisse Quantifizierung der differenzierenden Impulse. Man kann dabei davon ausgehen, daß ein nach Fachzweigen unterschiedliches Zusammenwirken von technischem Fortschritt und Substitution im wesentlichen von einer verschieden starken Ausprägung der genannten ökonomischen Faktoren (Veränderung der Betriebsgrößenstruktur, der Wettbewerbsintensität und des Fertigungsverfahrens) bewirkt wird, wenngleich eine Zurechnung der ökonomischen Größen auf die formalen Faktoren Substitution und technischer Fortschritt nicht vorgenommen werden kann.

aa) Sachliche Erklärung

Der Einfluß der wichtigsten ökonomischen Faktoren auf die Koeffizientenentwicklung kann unmittelbar aus der vorangegangenen Querschnittsanalyse des Koeffizientenniveaus abgeleitet werden. Diese gewährt nicht nur einen tieferen Einblick in die Heterogenität des gesamten Maschinenbaus und damit in die Hintergründe des weiter oben quantifizierten „Struktureffektes". Sie kann darüber hinaus zu der Erklärung der differenzierten Koeffizientenentwicklung in den Fachzweigen beitragen, da die für die Niveaudifferenzierung entscheidenden Faktoren Betriebsgrößenstruktur, Wettbewerbsintensität und Fertigungsverfahren in den einzelnen Fachzweigen in unterschiedlichem Maße Wandlungen unterworfen waren. Die verallgemeinernden Schlußfolgerungen der Querschnittsanalyse des Koeffizientenniveaus lassen sich deshalb im Hinblick auf die Koeffizientenentwicklung wie folgt erweitern:

— Eine überdurchschnittliche Zunahme der Großbetriebe während eines bestimmten Zeitabschnitts („überdurchschnittliche Betriebsgrößenkonzentration") dürfte sich auf die Koeffizientenentwicklung ebenso differenzierend auswirken wie ein überdurchschnittlicher Anteil der Großbetriebe auf das Koeffizientenniveau. Aus diesem Grunde wird in Fachzweigen mit einer überdurchschnittlichen Zunahme der größeren Betriebe (Büromaschinen, Ackerschlepper) — ceteris paribus — die Kapitalintensität schneller wachsen als im Maschinenbaudurchschnitt, der Arbeitskoeffizient rascher sinken und der Kapitalkoeffizient nur unterdurchschnittlich zunehmen oder sogar sinken.

— Die zur Erklärung der Niveaudifferenzierung herangezogene Außenhandelsverflechtung der Fachzweige als Maßstab der Wettbewerbsintensität kann ebenso zu einer differenzierten Koeffizientenentwicklung beigetragen haben, da die nach Fachzweigen unterschiedliche Bedeutung von Import und Export im gesamten Untersuchungszeitraum ziemlich unverändert geblieben ist. Vermutlich hat in den Fachzweigen mit einer überdurchschnittlichen Außenhandelsverflechtung der Zwang zum Export und damit die Notwendigkeit, den internationalen Leistungsstandard zumindest zu halten („Wettbewerbsdruck"), auch zu einer überdurchschnittlichen Zunahme der Kapitalintensität, einer überdurchschnittlichen Abnahme des Arbeitskoeffizienten und einer unterdurchschnittlichen Zunahme des Kapitalkoeffizienten beigetragen.

Ein Querschnittsvergleich der zeitlichen Veränderung der Import- und Exportquoten der Fachzweige vermag hingegen kaum etwas über einen differenzierten Wettbewerbsdruck in den Fachzweigen auszusagen, da die Entwicklung der Import- und Exportquoten zu sehr vom Ausgangsniveau bestimmt wurde, das durch eine unterschiedliche Intensität kriegs- und nachkriegsbedingter Einflußfaktoren als verzerrt anzusehen ist.

Die Außenhandelsverflechtung als alleiniges Maß des Wettbewerbsdrucks in den Fachzweigen ist indessen im Zeitreihenvergleich noch problematischer als im Querschnittsvergleich der Niveaus, wie am Beispiel der Fachzweige Kraftmaschinen, Ackerschlepper und Bergwerksmaschinen deutlich wird. Speziell vom Außenhandel ging zwar kein überdurchschnittlicher Konkurrenzdruck auf die genannten Bereiche aus, die wachsenden Absatzschwierigkeiten dieser Fachzweige — im Kraftmaschinenbau wegen der Substitutionskonkurrenz durch den Elektromotor, im Ackerschlepperbau wegen der zunehmenden Marktsättigung und im Bergwerksmaschinenbau infolge der Abhängigkeit von einer schrumpfenden Branche — forderten jedoch im Untersuchungszeitraum einen zusätzlichen Konkurrenzkampf heraus, durch den zahlreiche Betriebe aus dem Produktionsprozeß ausschieden oder aber ihr Produktionsprogramm auf andere Produkte umstellen mußten. Da sich diese Vorgänge in der Berechnung der Koeffizienten, insbesondere aber des Kapitalbestandes, nicht berücksichtigen lassen, ist hiermit in der Regel eine Tendenz zur Überhöhung der Koeffizienten verbunden. Die hiermit zusammenhängende Differenzierung der Koeffizientenentwicklung der Fachzweige wird durch den Einflußfaktor „Wettbewerbsdruck", der nur die Außenhandelsverflechtung der Fachzweige einbezieht, nicht erfaßt. Für schrumpfende Fachzweige ist vielmehr der vom Außenhandel ausgehende Wettbewerbsdruck durch den Faktor „abnehmende Kapazitätsauslastung" zu ergänzen.

— Auch das je nach den spezifischen Bedingungen der Fachzweige vorwiegend zur Anwendung gelangende Fertigungsverfahren vermag einen Teil der differenzierten Koeffizientenentwicklung in den Fachzweigen zu erklären. Die Fachzweige sind nämlich ebensowenig homogene Einheiten wie der Maschinenbau insgesamt. Sie setzen sich vielmehr aus zahlreichen Produktgruppen zusammen, deren Fertigung nicht immer denselben Mechanisierungs- und Präzisionsgrad verlangt. Ändern sich deshalb im Zeitablauf die Anteile der einzelnen Produkte an der Gesamtproduktion der Fachzweige, so kann hierdurch von der Fertigungstechnik her eine differenzierende Wirkung auf die Koeffizientenentwicklung der Fachzweige ausgehen. In Fachzweigen, bei denen durch Verschiebungen im Produktionsprogramm der Mechanisierungsgrad zunimmt, dürfte — ceteris paribus — die Kapitalintensität zusätzlichen Auftrieb erhalten, während der Kapitalkoeffizient in seiner Zunahme gebremst und der Arbeitskoeffizient in seiner Abnahme gefördert wird. Dies traf im Untersuchungszeitraum vor allem auf die Fachzweige Bau- und Baustoffmaschinen, Hebezeuge und Fördermittel und Landmaschinen zu.

bb) Formale Erklärung: Technischer Fortschritt und Substitution

Die unterschiedlich starke Ausprägung der genannten ökonomischen Faktoren (Veränderungen der Betriebsgrößenstruktur, der Wettbewerbsintensität und des Fertigungsverfahrens) in den einzelnen Fachzweigen schlägt sich — wie schon erwähnt wurde — in einem verschiedenen Zusammenspiel der formalen Faktoren Substitution und technischer Fortschritt in den Koeffizienten der Fachzweige nieder.

Einen ersten wichtigen Anhaltspunkt für eine ungleiche Intensität beider formaler Faktoren in den Fachzweigen kann die Berechnung der Rangkorrelation zwischen der Reihenfolge der Kapitalintensivierung und der Senkung des Arbeitskoeffizienten der Fachzweige bieten. Sofern der in der Zeitreihenanalyse des gesamten Maschinenbaus aufgedeckte Zusammenhang zwischen der Veränderung der Kapitalintensität und des Arbeitskoeffizienten generelle Gültigkeit besitzt, resultiert nämlich hieraus eine bestimmte Rangkorrelation der Fachzweige: Sie ist positiv, wenn das Verhältnis des Einflusses von technischem Fortschritt und Substitution in den Fachzweigen etwa gleich ist; sie ist hingegen negativ, wenn der technische Fortschritt in einigen Fachzweigen im Vergleich zur Substitution stärker ausgeprägt ist als in anderen, da in diesem Falle nur für einige Fachzweige die für den gesamten Maschinenbau berechnete enge Relation zwischen Kapitalintensität und Arbeitskoeffizient gilt[61].

Für die zehn Fachzweige des Maschinenbaus konnte ein Rangkorrelationskoeffizient von $R = -0,68$ ermittelt werden. Das Vorzeichen deutet also auf ein ungleiches Verhältnis von technischem Fortschritt und Substitution in den Fachzweigen im Untersuchungszeitraum hin. Eine Reihenfolge der Intensität des technischen Fortschritts im Vergleich zur Substitution läßt sich jedoch aufgrund des vorhandenen statistischen Materials für die Fachzweige nicht aufstellen, da sich der abnehmende Auslastungsgrad der Kapazitäten in den Bereichen Bergwerksmaschinen, Kraftmaschinen und Ackerschlepper störend auf den Zusammenhang von Kapitalintensität und Arbeitskoeffizient auswirkte. Es kann jedoch vermutet werden, daß in den Fachzweigen Büromaschinen und Bau- und Baustoffmaschinen der relative Einfluß des technischen Fortschritts am stärksten war, da in diesen Bereichen das Absinken des Arbeitskoeffizienten beträchtlich über das Maß der Kapitalintensivierung hinausging[62].

Zu einem ähnlichen Ergebnis führt ein Querschnittsvergleich zwischen der Produktionsentwicklung der Fachzweige einerseits und ihrer Koeffizienten-

---
[61] Vgl. hierzu S. 48.
[62] In der Zeitreihenanalyse läßt sich für beide Fachzweige kein signifikanter Zusammenhang zwischen den Veränderungen von Kapitalintensität und Arbeitskoeffizient feststellen.

entwicklung andererseits. Mit $R = -0{,}85$ bestand offensichtlich ein enger negativer Zusammenhang zwischen Produktionsentwicklung und Steigerung der Kapitalintensität. Der Zwang zur Einsparung von Kosten innerhalb gegebener Verfahren durch produktionstechnische und organisatorische Verbesserungen stand also im Untersuchungszeitraum in den von der Nachfrage strukturell benachteiligten Fachzweigen im Vordergrund aller betrieblichen Maßnahmen. Demgegenüber spielten Rationalisierungsprozesse in stark expandierenden Bereichen nur eine untergeordnete Rolle (Büromaschinen, Bau- und Baustoffmaschinen). Ziel dieser Bereiche war vielmehr, durch Einführung neuer Produkte und neuer Produktionsverfahren (technischer Fortschritt) zusätzliche Märkte zu erobern. Dies geschah bei gleichzeitiger, wenngleich unterproportionaler, Ausdehnung des Arbeitsvolumens, während in stagnierenden Fachzweigen der Arbeitseinsatz absolut zurückging. Trotz einer Ausdehnung des Arbeitsvolumens in den expandierenden Fachzweigen sank der Arbeitskoeffizient in diesen Sektoren wesentlich stärker als in stagnierenden Fachzweigen[63].

Mit großer Wahrscheinlichkeit kann also davon ausgegangen werden, daß die Koeffizientenentwicklung in den Fachzweigen Büromaschinen und Bau- und Baustoffmaschinen in erster Linie eine Folge des technischen Fortschritts war, der durch eine starke Expansion der Nachfrage ermöglicht wurde. In diesen Bereichen dürfte deshalb der technische Fortschritt über dem Durchschnitt des gesamten Maschinenbaus gelegen haben. Für die am Ende der Produktionsskala liegenden Maschinenbaufachzweige kann hingegen ein unterdurchschnittlicher technischer Fortschritt unterstellt werden.

Ausgangsdaten und Erklärung der Koeffizientenentwicklung der Fachzweige im Vergleich zum Maschinenbau insgesamt sind in Tabelle 9 noch einmal zusammengefaßt.

In Spalte 1 dieser Tabelle wird die relative Koeffizientenentwicklung der Fachzweige in den Jahren 1955—1962 im Vergleich zum Maschinenbau insgesamt durch Meßziffern (Mz) dargestellt. Diese wurden mit Hilfe der nachstehenden Formel errechnet:

$$Mz_{\frac{K}{P}} = \frac{\left(\frac{K}{P}\right)^{F}_{62}}{\left(\frac{K}{P}\right)^{F}_{55}} : \frac{\left(\frac{K}{P}\right)^{M}_{62}}{\left(\frac{K}{P}\right)^{M}_{55}}.$$

Die Symbole haben folgende Bedeutung:

$\left(\frac{K}{P}\right)^{F}_{62}$ bzw. $\left(\frac{K}{P}\right)^{F}_{55}$ = Kapitalkoeffizient der Fachzweige im Jahre 1962 bzw. 1955;

$\left(\frac{K}{P}\right)^{M}_{62}$ bzw. $\left(\frac{K}{P}\right)^{M}_{55}$ = Kapitalkoeffizient des gesamten Maschinenbaus im Jahre 1962 bzw. 1955.

---

[63] Der rechnerische Zusammenhang zwischen Produktionsausdehnung und Senkung des Arbeitskoeffizienten betrug $R = 0{,}66$.

Tabelle 9: Ausgangsdaten und Ergebnisse der Querschnittsanalyse der Koeffizientenentwicklung der Maschinenbaufachzweige 1955–1962 (Bundesgebiet)

Fachzweige	Relative Koeffizientenentwicklung Ges. Maschinenbau = 1			Mögliche Einflußfaktoren	Einflußrichtung		
	$\frac{K}{A}$	$\frac{K}{P}$	$\frac{A}{P}$		$\frac{K}{A}$	$\frac{K}{P}$	$\frac{A}{P}$
	1			2	3		
Büromaschinen	1,0	0,6⁻	0,6	überd. Betriebsgrößenkonzentr. überd. Wettbewerbsdruck wachs. Nutz. d. Datenverarb.-Kapazität überd. techn. Fortschritt	+ + − +	− − − −	− − − −
Bau- und Baustoffmaschinen	0,8	0,7⁻	0,8	durchschn. Betriebsgrößenkonz. unterd. Wettbewerbsdruck Zunahme d. Mechanisierungsgr. überd. techn. Fortschritt	− − + +	+ + − −	+ + − −
Hebezeuge und Fördermittel	0,9	0,9	1,0	− unterd. Wettbewerbsdruck Zunahme d. Mechanisierungsgr. durchschn. techn. Fortschritt	 − + 	 + − 	 + −
Werkzeugmaschinen	0,9	0,9	1,0	unterd. Betriebsgrößenkonzentr. überd. Wettbewerbsdruck Zunahme der Präzision durchschn. techn. Fortschritt	− + + 	+ − + 	+ − +
Landmaschinen	1,0	0,9	0,9	leicht überd. Betriebsgr.-Konz. unterd. Wettbewerbsdruck Zunahme d. Mechanisierungsgr. durchschn. techn. Fortschritt	+ − + 	− + − 	− + −
Nahrungsmittelmaschinen	1,1	1,1	1,0	− durchschn. Wettbewerbsdruck Zunahme d. Mechanisierungsgr. durchschn. techn. Fortschritt	 + 	 − 	 −
Textilmaschinen	1,2	1,0	0,9	leicht überd. Betriebsgr.-Konz. überd. Wettbewerbsdruck Zunahme d. konstrukt. Tätigkeit durchschn. techn. Fortschritt	+ + − 	− − − 	− − +
Kraftmaschinen	1,3	1,2	0,9	Ausscheiden zahlr. Betriebe durchschn. Wettbewerbsdruck abnehmende Kapazitätsauslast. durchschn. techn. Fortschritt	+ + 	− + 	− +
Ackerschlepper	1,2	1,4	1,2	überd. Betriebsgrößenkonzentr. unterd. Wettbewerbsdruck abnehmende Kapazitätsauslast. unterd. techn. Fortschritt	+ − + +	− + + +	− + + +
Bergwerksmaschinen	1,4	1,4	1,0	Ausscheiden zahlr. Betriebe unterd. Wettbewerbsdruck abnehmende Kapazitätsauslast. unterd. techn. Fortschritt	+ − + −	− + + +	− + + +
Alle zehn Fachzweige	1,0	1,0	0,9				

Eigene Berechnungen.

Für die Relationen Kapitalintensität und Arbeitskoeffizient gilt Entsprechendes.

Diese Meßziffern der relativen Koeffizientenentwicklung der Fachzweige lassen sich wie folgt interpretieren: Bei einer einheitlichen Veränderungsrichtung der aufeinander bezogenen Koeffizienten der Fachzweige einerseits und des gesamten Maschinenbaus andererseits (Kapitalintensität und Arbeitskoeffizient) lassen sich drei Fälle unterscheiden:

$Mz < 1$: der Koeffizient des Fachzweiges entwickelt sich unterdurchschnittlich,

$Mz = 1$: der Koeffizient des Fachzweiges entwickelt sich wie der Maschinenbaudurchschnitt,

$Mz > 1$: der Koeffizient des Fachzweiges entwickelt sich überdurchschnittlich.

Ist hingegen die Veränderung der zueinander in Beziehung gesetzten Koeffizienten der Fachzweige und des Maschinenbaus insgesamt nicht gleichgerichtet (Kapitalkoeffizient), so umschließt der oben als $Mz < 1$ gekennzeichnete Fall nochmals drei Möglichkeiten: eine unterdurchschnittliche Koeffizientenzunahme, einen konstanten Koeffizienten und einen Koeffizientenrückgang. Die Meßziffern der Fachzweige, in denen der Kapitalkoeffizient nicht nur unterdurchschnittlich anstieg, sondern sank, sind in Tabelle 9 deshalb durch ein erhöhtes Minuszeichen (−) gekennzeichnet.

Spalte 2 der erwähnten Tabelle enthält, ähnlich wie Tabelle 8, die möglichen Einflußfaktoren der aufgezeigten differenzierten Koeffizientenentwicklung. Dies sind vor allem die für das Zusammenwirken von technischem Fortschritt und Substitution verantwortlichen Faktoren Betriebsgrößenkonzentration, Wettbewerbsdruck und Verschiebungen im Produktionsprogramm (Fertigungsverfahren).

Ihre Einflußrichtung wird wiederum in Spalte 3 auf den Durchschnitt des Maschinenbaus bezogen. Ein Plus (+) bedeutet eine überdurchschnittliche, ein Minus (−) hingegen eine unterdurchschnittliche Veränderung der Koeffizienten bei Betrachtung des jeweiligen Einflußfaktors. Die anschließende Gewichtung der Einzeleinflüsse bleibt auch hier dem sachkundigen Urteil weitgehend überlassen.

Die Tabellen 8 und 9 lassen sich abschließend in eine Gesamtübersicht der Fachzweige (Tabelle 10) einbeziehen, in der außer den schon genannten Größen die Stellung der Fachzweige innerhalb des gesamten Maschinenbaus zum Ausdruck kommt. Diese läßt sich sowohl statisch als auch dynamisch betrachten. Während in statischer Betrachtungsweise der Anteil der Fachzweige an der Nettoproduktion des gesamten Maschinenbaus ein Anhaltspunkt für das „Gewicht" der Untergruppen innerhalb der Gesamtheit zu einem bestimmten Zeitpunkt sein kann, läßt sich der Anteil der Fachzweige an der Gesamtheit in dynamischer Sicht durch den „Wachstumskoeffizienten" (W_F) verdeutlichen.

Der „Wachstumskoeffizient" (W_F) in Spalte 1 bringt das relative Produktionswachstum der Fachzweige im Vergleich zum gesamten Maschinenbau zum Ausdruck. Er wurde wie folgt berechnet:

$$W_F = \left(\frac{P_{62}}{P_{55}}\right)_F : \left(\frac{P_{62}}{P_{55}}\right)_M.$$

Hierbei bedeuten:

$\left(\dfrac{P_{62}}{P_{55}}\right)_F$ = Veränderung der Nettoproduktion der Fachzweige im Jahre 1962 gegenüber dem Jahre 1955,

$\left(\dfrac{P_{62}}{P_{55}}\right)_M$ = Veränderung der Nettoproduktion des gesamten Maschinenbaus im Jahre 1962 gegenüber dem Jahre 1955.

Der so definierte Wachstumskoeffizient kann folgende Größen annehmen[64]:

(1) $W_F > 1$: Die Produktion des Fachzweiges wächst schneller als die des gesamten Maschinenbaus (Büromaschinen, Bau- und Baustoffmaschinen, Hebezeuge und Fördermittel).

(2) $W_F = 1$: Die Zuwachsrate der Produktion des Fachzweiges entspricht dem Maschinenbaudurchschnitt (Werkzeugmaschinen, Landmaschinen, Nahrungsmittelmaschinen, Textilmaschinen).

(3) $W_F < 1$: Die Produktionsentwicklung des Fachzweiges bleibt hinter der Gesamtentwicklung zurück (Kraftmaschinen, Ackerschlepper, Bergwerksmaschinen).

Der für den Durchschnitt der zehn untersuchten Fachzweige berechnete Wachstumskoeffizient ($W_F = 1$) verdeutlicht außerdem, daß die durch das empirische Material bedingte Auswahl der Fachzweige aus der Sicht des Produktionswachstums eine repräsentative Auswahl darstellt.

Der Anteil der Fachzweige an der Nettoproduktion des gesamten Maschinenbaus (Spalte 2) wurde, wie das Koeffizientenniveau, für das Jahr 1960 berechnet. Wie aus den Produktionsanteilen ersichtlich, ragt mit 11,3 vH das Gewicht des Werkzeugmaschinenbaus aus den übrigen untersuchten Fachzweigen deutlich hervor. Der hohe Anteil macht noch einmal die weiter oben erwähnte große Bedeutung der Werkzeugmaschinen für den Maschinenbau und den gesamtwirtschaftlichen Industrialisierungsprozeß sichtbar. Gleichzeitig läßt der Produktionsanteil aller zehn Fachzweige von 54,8 vH erkennen, daß mit der Querschnittsanalyse dieser Fachzweige der wichtigste Teil des Maschinenbaus erfaßt werden konnte.

---

[64] Da negative Zuwachsraten der Nettoproduktion in dieser Untersuchung nicht vorkommen, kann sich die Entwicklung auf drei Fälle beschränken. Andernfalls sind wie bei der relativen Koeffizientenentwicklung (Tabelle 9) für den Fall $W_F < 1$ drei Unterfälle möglich.

D. Generalisierende Formulierung der zukunftsrelevanten Entwicklungstrends der Koeffizienten

Während es die Aufgabe der vorangegangenen ex post-Analyse war, die beobachtete Koeffizientenentwicklung der Vergangenheit auf ihre Bestimmungsgründe zurückzuführen, gilt es nun in der „generalisierenden Formulierung", den zukünftigen Einfluß dieser Bestimmungsfaktoren abzuschätzen. Eine exakte Quantifizierung der einzelnen Determinanten ist hier ebenso wenig möglich wie bei der ex post-Analyse. Aufgrund der für die Vergangenheit statistisch gewonnenen „Ursachen"-Erklärung kann die zukünftige Wirksamkeit bisheriger Einflußfaktoren lediglich tendenziell als ein „Mehr", „Weniger" oder „Gleich" gegenüber der Vergangenheit angegeben werden. Die generalisierende Formulierung der zukunftsrelevanten Entwicklungstrends muß sich daher auf eine verbale Darstellung beschränken. Für die Projektion der Nettoinvestitionen ist jedoch — wie die Gleichungen (8) und (9) zeigen[65] — eine quantitative Vorausschätzung der Koeffizienten, insbesondere des Kapitalkoeffizienten, erforderlich. Dies ist ohne gewisse subjektive Vorstellungen nicht möglich. In die zukünftige Entwicklung der Koeffizienten, wie sie in Tabelle A 3 im Anhang und für den Maschinenbau insgesamt in Schaubild 7 b dargestellt ist, geht vor allem eine objektiv nicht darstellbare Gewichtung der Einzeleinflüsse ein. Von allen möglichen Entwicklungen können die dargestellten Koeffizientenverläufe trotz dieser subjektiven Faktoren jedoch als die wahrscheinlichsten angesehen werden, da sie der „Erfahrung der Vergangenheit" nicht widersprechen und die tautologische Verknüpfung der Koeffizienten

$$\frac{K}{P} = \frac{K}{A} \cdot \frac{A}{P}$$

für jedes Jahr des Projektionszeitraumes erfüllen. Die „Erfahrung der Vergangenheit", die auch für die nähere Zukunft von Bedeutung ist, läßt sich in folgenden Thesen zusammenfassen:

(1) Das differenzierte Produktionswachstum der Maschinenbaufachzweige mit einer Wachstumsskala, die von dem 1,7-fachen (Büromaschinen) bis hin zum 0,6-fachen (Bergwerksmaschinen) des Maschinenbaudurchschnitts reichte, trug in der Vergangenheit nur geringfügig zu einer Veränderung der Globalkoeffizienten des Maschinenbaus bei. Anteilszunahmen und Anteilsrückgänge kompensierten sich zumeist, da das Koeffizientenniveau sowohl in den wachsenden als auch in den schrumpfenden Bereichen zum Teil über und zum Teil unter dem Maschinenbaudurchschnitt lag.

Wie in der Querschnittsanalyse des Koeffizientenniveaus der Fachzweige gezeigt werden konnte, hängen derartige Niveaudifferenzierungen zu

---

[65] Gleichung (8): $I_t^{Netto} = \frac{K_i}{P_i} \cdot P_i - \frac{K_i - 1}{P_{i-1}} \cdot P_{i-1}$; Gleichung (9): $\frac{K}{P} = \frac{K}{A} \cdot \frac{A}{P}$.

einem wesentlichen Teil mit der unterschiedlichen Stellung der Fachzweige im vertikalen gesamtwirtschaftlichen Produktionsaufbau zusammen. Weitgehende Kompensationen können deshalb auch für die Zukunft erwartet werden. Eine endgültige Entscheidung hierüber würde jedoch eine eingehende Nachfrageanalyse jedes einzelnen Fachzweiges voraussetzen, was aus bereits weiter oben dargelegten Gründen in dieser Arbeit nicht möglich ist.

Die Abschätzung des zukünftigen Einflusses von Strukturverlagerungen innerhalb der Produktion auf die Koeffizientenentwicklung kann sich nur an der Vergangenheit orientieren.

Die Struktureinflüsse von Seiten des Büromaschinenbaus auf der einen und des Bau- und Baustoffmaschinenbaus bzw. Ackerschlepperbaus auf der anderen Seite, die in der Vergangenheit in der Gesamtentwicklung zeitweilig durchschlugen, dürften auch in der Zukunft bedeutsam bleiben. Der Büromaschinenbau zählt zu den aussichtsreichsten Fachzweigen des gesamten Maschinenbaus[66]. Dieser Maschinenbaubereich wurde nicht nur in der Vergangenheit von der verstärkt betriebenen Rationalisierung im öffentlichen und privaten Verwaltungsbereich begünstigt, sondern sieht sich auch in den nächsten Jahren — insbesondere durch die wachsenden Einsatzmöglichkeiten elektronischer Datenverarbeitungsanlagen — überdurchschnittlichen Expansionschancen gegenüber. Wegen der hierdurch bedingten weiteren Anteilszunahme des Büromaschinenbaus wird der globale Kapitalkoeffizient aller Wahrscheinlichkeit nach weiter ansteigen und der Arbeitskoeffizient des gesamten Maschinenbaus nur noch verlangsamt fallen, da beide genannten Koeffizienten des Büromaschinenbaus bisher über dem Maschinenbaudurchschnitt lagen.

Die in den letzten Jahren des Untersuchungszeitraumes zu beobachtende entgegengesetzte Wirkung von Seiten der Bereiche Bau- und Baustoffmaschinen und Ackerschlepper dürfte in Zukunft hingegen nicht ganz im bisherigen Umfange fortbestehen. Zumindest deutet hierauf die zunehmende Sättigung der Bauindustrie mit Baumaschinen und der Landwirtschaft mit Ackerschleppern hin.

(2) Der technische Fortschritt hatte in der Vergangenheit nur einen geringen Einfluß auf die Koeffizientenentwicklung des Maschinenbaus. Dies konnte von verschiedenen Seiten beleuchtet werden[67]. Wichtigster Gesichtspunkt für die Abschätzung dieses Faktors auf seine künftige Wirksamkeit ist jedoch der überwiegend qualitative Charakter des technischen Fortschritts, der aus der tiefen Stellung des Maschinenbaus im gesamtwirtschaftlichen Produktionsprozeß und der zentralen Funktion dieser Branche im Industrialisierungsprozeß resultiert. Je stärker die Substitution von

---

[66] Vgl. K. Hegner, Wo steht die deutsche Büromaschinenindustrie? Die wirtschaftliche Struktur und Entwicklung. „Industriekurier", Nr. 66 vom 30. 4. 1966, Sonderbeilage.
[67] Vgl. hierzu S. 47.

Arbeit durch Kapital in den dem Maschinenbau nachgelagerten Wirtschaftsbereichen voranschreitet, um so mehr Funktionen werden aus diesen Bereichen auf den Maschinenbau verlagert. Der Maschinenbau wird dadurch immer stärker zur „Arbeitsvorbereitung" für seine Abnehmer, was die Erhöhung seiner eigenen Effizienz erschwert. Der technische Fortschritt wird deshalb auch in Zukunft nicht stärker als bisher zu einer Senkung von Kapital- und Arbeitskoeffizient beitragen, trotz des überdurchschnittlich starken technischen Fortschritts in den Fachzweigen Büromaschinen und Bau- und Baustoffmaschinen, zumal Kapital- und Arbeitskoeffizient im Büromaschinenbau über dem Maschinenbaudurchschnitt liegen.

(3) Tragende Säule der Koeffizientenveränderung in der Vergangenheit waren Substitutionsprozesse im weitesten Sinne. Während die Substitution von Arbeit durch Kapital innerhalb der Gesamtbranche durch ein Hineinwachsen in größere Betriebseinheiten ziemlich kontinuierlich vor sich ging, stießen innerbetriebliche Rationalisierungsvorgänge mehr und mehr an eine Grenze, die sich aus einer für den Maschinenbau typischen begrenzten Substitutionalität der Produktionsfaktoren ergibt. Diese Grenze für weitere Rationalisierungsmöglichkeiten ist zwar nicht starr, sie läßt sich jedoch wegen der wachsenden Anforderungen, die an den Maschinenbau gestellt werden, nur noch langsam ausdehnen. Eine von dieser Seite in Zukunft ausgehende geringere Steigerung der Kapitalintensität und eine abgeschwächte Abnahme des Arbeitskoeffizienten ist daher wahrscheinlich.

Für den Kapitalkoeffizienten sind hingegen tendenziell steigende Zuwachsraten zu erwarten, da bereits in der Vergangenheit der relativ geringe technische Fortschritt zu einer verstärkten Zunahme dieses Koeffizienten geführt hatte.

Ungewiß ist indessen der zukünftige Einfluß einer weiteren Zunahme der Mittel- und Großbetriebe. Trotz einer deutlichen Verschiebung der Betriebsgrößenstruktur hin zum größeren Betrieb ist bislang der Klein- und Mittelbetrieb, gemessen an der Zahl der Betriebe, vorherrschend (Schaubild 12). Dennoch ist die Bedeutung der Großbetriebe (Betriebe mit mehr als 500 Beschäftigten) für die Gesamtproduktion der Branche relativ groß, da in ihnen mehr als die Hälfte aller im Maschinenbau tätigen Menschen beschäftigt sind. Diese Betriebsgrößenstruktur scheint ein wesentliches Strukturmerkmal des Maschinenbaus zu sein. Von der Fertigung her ist der Großbetrieb nur in wenigen Fällen begünstigt[68]. In der Regel ist das Produktionsprogramm zu heterogen, um die Auflage großer Serien zu ermöglichen. Aus diesem Grunde erfolgten die Veränderungen in der Betriebsgrößenstruktur in der Vergangenheit auch nicht durch forciert

---

[68] Beispielsweise im Ackerschlepperbau oder im Büromaschinenbau.

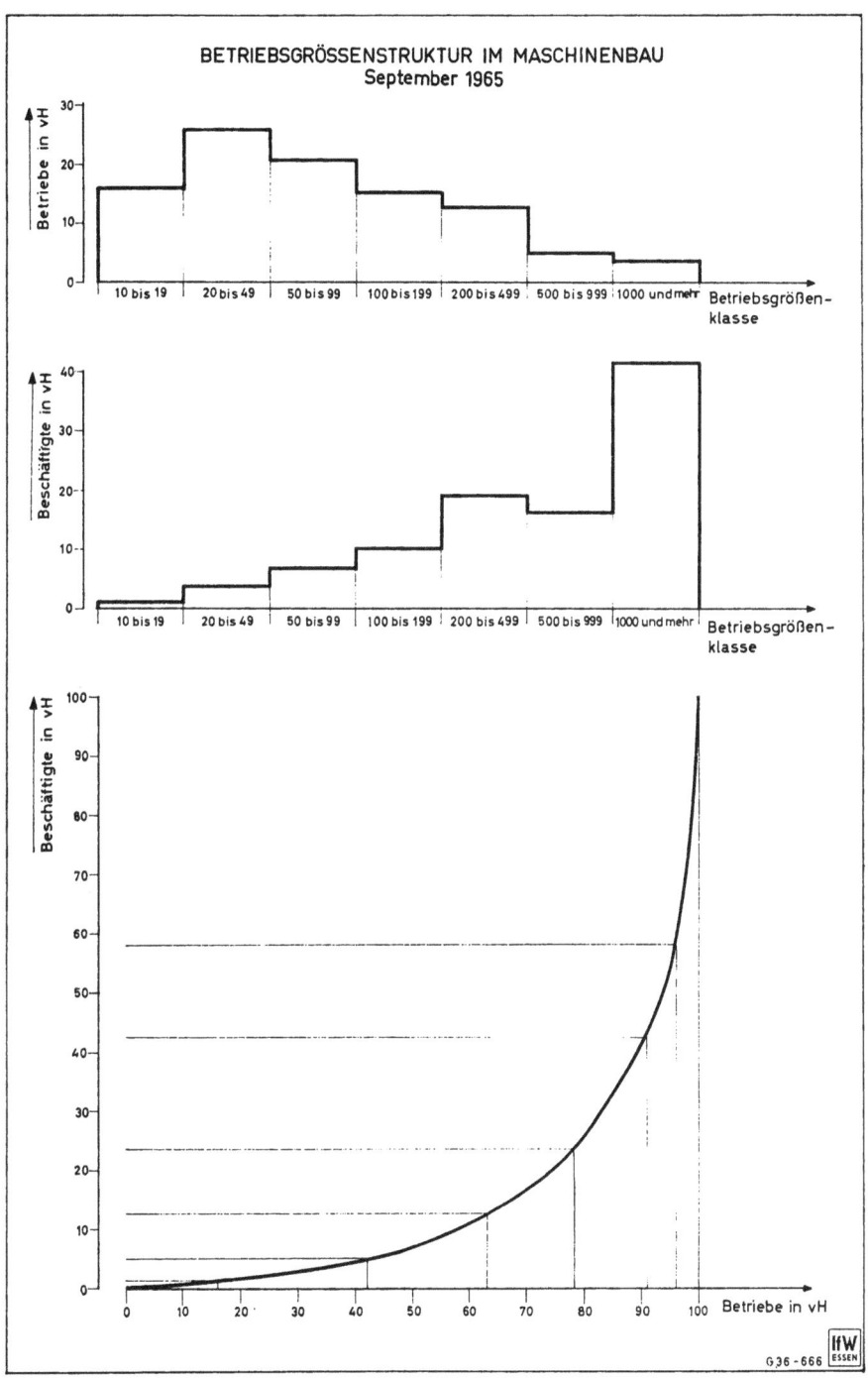

Schaubild 12

auftretende Betriebsgrößenkonzentrationen[69], sondern durch ein allgemeines Hineinwachsen in größere Betriebseinheiten in Parallelität zur Produktionsentwicklung des Maschinenbaus. Der Einfluß der Betriebsgrößenverschiebung auf die zukünftige Koeffizientenentwicklung dürfte daher weitgehend von der zu erwartenden Produktionsentwicklung abhängen. Über diese läßt sich jedoch im Rahmen dieser Arbeit nichts Genaues sagen. In jedem Fall kann jedoch aufgrund dieses Einflusses eine Zunahme der Kapitalintensität und eine Abnahme des Arbeitskoeffizienten erwartet werden.

Betrachtet man die Abschätzung der drei Einflußfaktoren: Strukturverlagerung, technischer Fortschritt und Substitution zusammen, so kann der Schätzung der Nettoinvestitionen im Maschinenbau folgende Koeffizientenentwicklung zugrunde gelegt werden:

Die Kapitalintensität des Maschinenbaus wird voraussichtlich weiter ansteigen, jedoch mit geringeren Zuwachsraten als in der Vergangenheit. Zur gleichen Zeit wird der Arbeitskoeffizient nur verlangsamt abnehmen, während der Kapitalkoeffizient aufgrund der zur Verfügung stehenden Unterlagen wie in der Vergangenheit mit leicht zunehmenden Veränderungsraten weiter ansteigen wird.

E. Projektion der Bruttoinvestitionen des Maschinenbaus bis zum Jahre 1970[70]

Analog zur definitorischen Aufspaltung der Bruttoinvestitionen in Netto- und Ersatzinvestitionen entsprechend der Gleichung:

(1) $$I^{Brutto} = I^{Netto} + I^{Ersatz},$$

erfolgt die Projektion der Bruttoinvestitionen auf dem Wege einer getrennten Vorausschätzung von Netto- und Ersatzinvestitionen. Während die Ersatzinvestitionen mit Hilfe der Gleichungen[71]:

(3) $$I^{Ersatz}_{B,i} = \sum_{k,j} b^{B}_{k} \cdot I^{Brutto}_{B,j} ;$$

(4) $$I^{Ersatz}_{M,i} = \sum_{k,j} b^{M}_{k} \cdot I^{Brutto}_{M,j} ;$$

(5) $$I^{Ersatz}_{W,i} = \sum_{k,j} b^{W}_{k} \cdot I^{Brutto}_{W,j}$$

---

[69] Eine Ausnahme bildet der Büromaschinenbau.
[70] Die Investitionsprojektion wird wegen des überwiegend beispielhaften Charakters der Rechnung nur für den Maschinenbau insgesamt dargestellt. Während die Schätzung der Ersatzinvestitionen für die Fachzweige Tabelle A 5 im Anhang (S. 109) entnommen werden kann, besteht eine Möglichkeit zur Schätzung der Nettoinvestitionen aufgrund der für die Fachzweige geschätzten Kapitalkoeffizienten (Tabelle A 3 im Anhang S. 106), sofern genügend Anhaltspunkte über die zukünftige Produktionsentwicklung der Fachzweige zur Verfügung stehen.
[71] Erläuterung der Symbole siehe S. 17.

aus den Bruttoinvestitionen der Vergangenheit und deren Lebensdauerverteilungen zu ermitteln sind, erfolgt die Schätzung der Nettoinvestitionen auf dem durch die Gleichungen (7) und (8) angegebenen Wege, nämlich:

(7) $$I_i^{\text{Netto}} = K_i - K_{i-1};$$

(8) $$I_i^{\text{Netto}} = \frac{K_i}{P_i} \cdot P_i - \frac{K_{i-1}}{P_{i-1}} \cdot P_{i-1}.$$

1. Schätzung der Ersatzinvestitionen

Setzt man die für den Maschinenbau geschätzten Lebensdauerverteilungen[72] in die Gleichungen (3) bis (5) des Investitionsmodells ein, so wird deutlich, daß die Ersatzinvestitionen der Jahre 1963 bis 1970 zum größten Teil durch die bekannten Investitionen der Vergangenheit und deren Lebensdauerschätzungen determiniert sind. Geht man also von der Richtigkeit der vorhandenen Investitionsdaten und der getroffenen Lebensdauerannahmen aus, so lassen sich die zukünftigen Ersatzinvestitionen weitgehend auf arithmetischem Wege berechnen.

Eine Schätzung im eigentlichen Sinne ist nur für den Teil der Bruttoinvestitionen der Jahre 1966 bis 1970 erforderlich[73], der aufgrund seiner kurzen Lebensdauer bereits innerhalb des Projektionszeitraumes wieder aus dem Produktionsprozeß ausscheidet. Wie aus den Lebensdaueransätzen für den Maschinenbau ersichtlich, trifft dies auf die Projektion der zu ersetzenden Maschinen und Werkzeuge, Fahrzeuge etc. zu, nicht hingegen auf Bauinvestitionen, die zunächst dreißig Jahre lang unverändert im Kapitalbestand verbleiben.

Die geschätzten Ersatzinvestitionen des Maschinenbaus sind in Tabelle A 4 (Seite 108) im Gegensatz zu den errechneten Werten, die als Ersatzinvestitionen A bezeichnet werden, als Ersatzinvestitionen B hervorgehoben[74]. Aus dieser Tabelle ist deutlich sichtbar, daß der Unsicherheitsgrad bei der Projektion der Ersatzinvestitionen von zwei Faktoren bestimmt wird: Der Länge des Projektionszeitraumes und der Form der angenommenen Lebensdauerverteilungen.

Bei den zu ersetzenden Bauinvestitionen ermöglicht die Lebensdauerverteilung, nach der erst nach dreißig Lebensjahren der erste Bruchteil eines Investitionsjahrganges aus dem Produktionsprozeß ausscheidet, die sicherste Schätzung.

---

[72] Vgl. S. 34 ff. Es wird zunächst unterstellt, daß die als Verteilung I bezeichneten Lebensdauerschätzungen der tatsächlichen Lebensdauer der Anlagegüter entsprechen. Erst im 3. Kapitel (S. 86 ff.) soll untersucht werden, wie sich die Investitionsschätzungen ändern, wenn die Annahmen über die Lebensdauer variiert werden.
[73] Bis zum Jahre 1965 liegen Investitionszahlen vor.
[74] Dieser Schätzung der Ersatzinvestitionen wurde als erste Annäherung eine durchschnittliche jährliche Steigerungsrate der Bruttoinvestitionen von 3 vH zugrunde gelegt.

Der Unsicherheitsfaktor nimmt bei der Schätzung der zu ersetzenden Maschinen bereits zu, da nach der angenommenen Lebensdauerverteilung für Maschinen bereits vom ersten Lebensjahr an geringe Bruchteile eines Investitionsjahrganges den Produktionsprozeß wieder verlassen.

Am größten ist jedoch der Unsicherheitsbereich bei der Schätzung der zu ersetzenden Werkzeuge, Fahrzeuge etc., da bei diesen Produktionsgütern die kurze Lebensdauer schon in den ersten Lebensjahren zu relativ hohen Ausscheidungsquoten führt.

Die angedeuteten Fehlerquellen bei der Schätzung der Ersatzinvestitionen dürfen indessen nicht überbewertet werden, da sich die vorgeführte Schätzung als abgebrochene Iteration deuten läßt. Wird die Iteration deshalb fortgeführt — im Anschluß an die Schätzung der Nettoinvestitionen ist dies möglich —, so lassen sich diese Fehlerquellen weitgehend ausschalten.

2. Schätzung der Nettoinvestitionen

Während also die Ersatzinvestitionen (die Investitionen, die der Erhaltung der bisherigen Kapazität dienen) mit Hilfe eines Iterationsverfahrens relativ sicher vorausgeschätzt werden können, lassen sich die zukünftigen Nettoinvestitionen des Maschinenbaus hier nur konditional projizieren, da allein der Kapitalkoeffizient durch die ex post-Analyse „abgesichert" ist, nicht hingegen die zukünftige Entwicklung der Nettoproduktion, die gemäß Gleichung (8) ebenfalls zur Schätzung der Nettoinvestitionen erforderlich ist.

Geht man davon aus[75], daß die weiter oben durchgeführte Schätzung des Kapitalkoeffizienten weitgehend — oder doch zumindest für einen bestimmten Bereich — unabhängig von der Produktionsentwicklung erfolgte, so läßt sich jedoch mit Hilfe einer Alternativschätzung ein Einblick in die zukünftigen Zusammenhänge zwischen einer Änderung der Nettoproduktion und den zur Erstellung dieser zusätzlichen Produktion benötigten Nettoinvestitionen gewinnen. Unter Zuhilfenahme der Gleichungen (7) und (8) ist es dann nämlich möglich, bei Annahme einer bestimmten Produktionsveränderung die zugehörigen Nettoinvestitionen zu berechnen. Dem Benutzer der vorgelegten Projektion wird damit ein Instrumentarium an die Hand gegeben, das es ihm erlaubt, eigene Informationen über das zukünftige Produktionswachstum des Maschinenbaus für die Schätzung der Nettoinvestitionen zu nutzen.

Ein Beispiel der oben erwähnten Alternativschätzungen ist in Schaubild 13 dargestellt. Im oberen Bild wurden für den Projektionszeitraum konstante Zuwachsraten der Nettoproduktion von unterschiedlicher Höhe unterstellt, während im unteren Bild eine kontinuierlich sich verändernde Zuwachsrate der Nettoproduktion den Investitionsschätzungen zugrunde gelegt wurde[76].

---

[75] Diese Frage wird im 3. Kapitel noch näher zu behandeln sein.
[76] Die zugrunde gelegten Zuwachsraten der Nettoproduktion stehen in Schaubild 13 jeweils rechts neben den Kurven der geschätzten Nettoinvestitionen.

Da in allen Alternativschätzungen von demselben Kapitalkoeffizienten ausgegangen wurde, sind Unterschiede in den Schätzwerten der Nettoinvestitionen allein auf eine unterschiedliche Produktionsentwicklung zurückzuführen. Die Sensitivität der Nettoinvestitionsschätzungen wird vor allem beim Übergang von den errechneten Werten für die Vergangenheit zu den geschätzten Werten der Zukunft deutlich[77], da an dieser Nahtstelle alternative Zuwachsraten der Nettoproduktion einer gemeinsamen Veränderungsrate von 6,5 vH

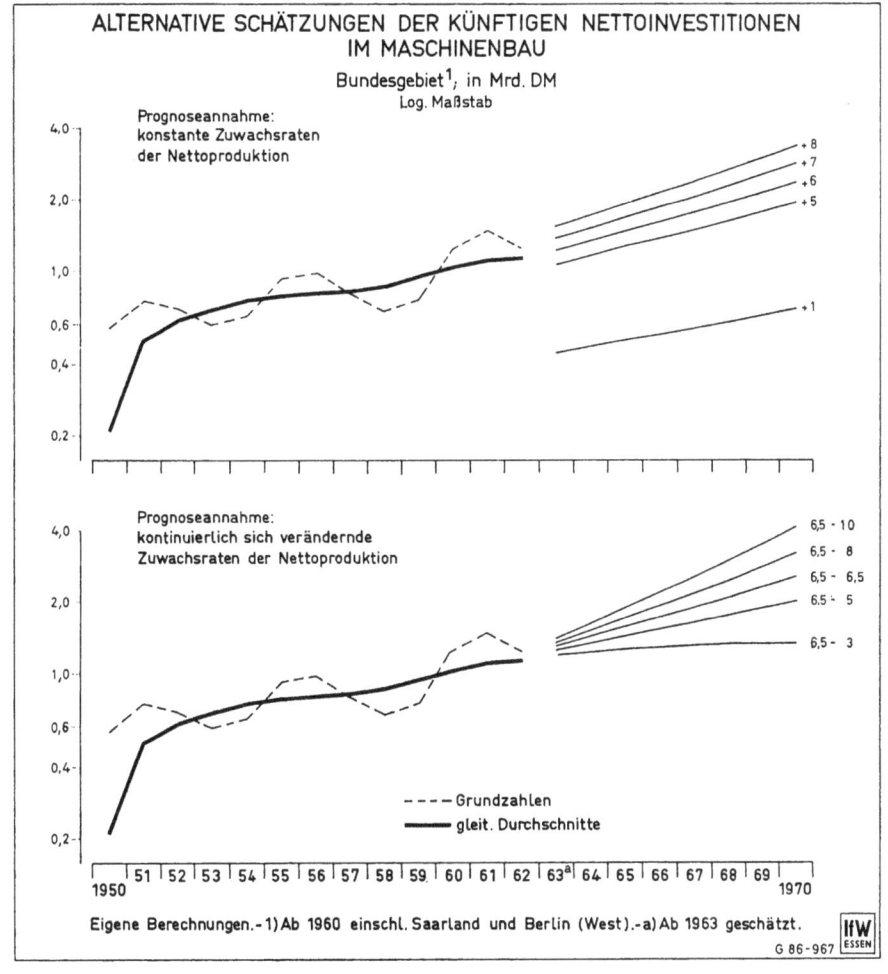

Schaubild 13

---

[77] Veränderung der Nettoinvestitionen im Jahre 1963 gegenüber 1962.

im letzten Beobachtungsjahr gegenüber stehen. Je stärker die für die Alternativschätzung der Nettoinvestitionen angenommenen Zuwachsraten der künftigen Nettoproduktion von der bisherigen Entwicklung abweichen, um so unstetiger wird an dieser Stelle die Nettoinvestitionsentwicklung.

Unter Verwendung von Formel (8) läßt sich der Einfluß der Entwicklung der Nettoproduktion auf die Zuwachsrate der Nettoinvestitionen wie folgt verdeutlichen[78]:

$$(14) \quad \frac{I_i^{Netto}}{I_{i-1}^{Netto}} = \frac{\left(\frac{K}{P}\right)_i \cdot P_i - \left(\frac{K}{P}\right)_{i-1} \cdot P_{i-1}}{\left(\frac{K}{P}\right)_{i-1} \cdot P_{i-1} - \left(\frac{K}{P}\right)_{i-2} \cdot P_{i-2}}.$$

Die Wachstumsrate der Nettoinvestitionen des Jahres i wird also von der Nettoproduktion und dem Kapitalkoeffizienten dreier aufeinander folgender Jahre bestimmt. Drückt man die Nettoproduktion der Jahre i und $i-1$ als ein Vielfaches der Produktion des Jahres $i-2$ aus, so wird der Einfluß der Veränderung der Nettoproduktion auf das Wachstum der Nettoinvestitionen deutlich sichtbar:

$$(15) \quad \frac{I_i^{Netto}}{I_{i-1}^{Netto}} = \frac{(1+a)(1+b) \cdot P_{i-2} \cdot \left(\frac{K}{P}\right)_i - (1+b) P_{i-2} \cdot \left(\frac{K}{P}\right)_{i-1}}{(1+b) P_{i-2} \cdot \left(\frac{K}{P}\right)_{i-1} - P_{i-2} \cdot \left(\frac{K}{P}\right)_{i-2}}.$$

Es bedeuten:

a = Zuwachsrate der Nettoproduktion des Jahres i, für das die Nettoinvestitionen geschätzt werden;

b = Zuwachsrate der Nettoproduktion des vorangehenden Jahres $i-1$.

Betrachtet man den Kapitalkoeffizienten der Einfachheit halber als Konstante (C) — diese Vereinfachung bedeutet keine wesentliche Einschränkung, da für alle Alternativen die Koeffizientenentwicklung die gleiche ist —, so erhält man:

$$(16) \quad \frac{I_i^{Netto}}{I_{i-1}^{Netto}} = \frac{C(a+ab)}{C \cdot b} = \frac{a+ab}{b}.$$

Die Alternativschätzungen der Nettoinvestitionen unterscheiden sich also lediglich durch die unterschiedliche Höhe der Wachstumsraten a und b, die gemäß Gleichung (16) miteinander verknüpft sind. Fünf Grundfälle sind in der folgenden Übersicht aufgeführt:

---

[78] In Formel (14) wird wegen der einfacheren Schreibweise nicht die Zuwachsrate der Nettoinvestitionen, sondern die Zuwachsrate plus eins erklärt.

Fall	Veränderung der Nettoproduktion	Veränderung der Nettoinvestitionen
1	$a = b$	positiv, konstante Zuwachsraten in Höhe von a
2	$a > b$	positiv, wachsende Zuwachsraten $> a$
3	$a < b$ $a \cdot b > b - a$	positiv, abnehmende Zuwachsraten $< a$
4	$a < b$ $a \cdot b = b - a$	keine
5	$a < b$ $a \cdot b < b - a$	negativ

Vier der genannten Möglichkeiten einer zukünftigen Investitionsentwicklung sind in Schaubild 13 enthalten. Die obere Darstellung zeigt gleichzeitig die Fälle 1, 2 und 5, während das untere Bild die Möglichkeiten 2, 3 und 5 umschließt.

Die theoretischen Alternativen 2 und 5 treffen auf den Übergang von den empirischen Werten ($b = 6,5$ vH) zu den Schätzwerten zu. Die angenommenen zukünftigen Zuwachsraten der Nettoproduktion weichen in allen Beispielen von der letzten beobachteten Zuwachsrate der Nettoproduktion ($b = 6,5$ vH) nach oben oder unten ab[79], wodurch ein „Sprung" in der bisherigen Investitionsentwicklung mit positivem bzw. negativem Vorzeichen verursacht wird. Die Unstetigkeit der Entwicklung ist um so größer, je mehr die angenommene Zuwachsrate der Nettoproduktion von der bisherigen Veränderung abweicht. Die Fälle 1 und 3 treffen in den gewählten Beispielen hingegen nicht auf den Übergang von Vergangenheits- zu Zukunftswerten, sondern auf die folgenden Jahre des Projektionszeitraumes zu. In der oberen Darstellung in Schaubild 13 wurden für den gesamten Zeitraum konstante Veränderungsraten der Nettoproduktion unterstellt (Fall 1). Bei konstantem Kapitalkoeffizienten — in den empirischen Beispielen nimmt der zukünftige Kapitalkoeffizient zu — wächst die Nettoinvestition ebenfalls mit konstanten Zuwachsraten. Diese entsprechen der jeweils unterstellten Veränderung der Nettoproduktion.

Der in der Übersicht aufgeführte dritte Fall ($a < b, a \cdot b > b - a$) entspricht dem Beispiel im unteren Bild, in dem eine kontinuierliche Abnahme der Nettoproduktion von 6,5 vH auf 3 vH unterstellt wurde. Bei dieser Entwicklung der Nettoproduktion wächst zwar die Nettoinvestition noch, jedoch nur mit abnehmenden Zuwachsraten.

Zusammenfassend kann also festgehalten werden: Die Schätzung der Nettoinvestitionen mit Hilfe des Kapitalkoeffizienten reagiert äußerst empfindlich

---

[79] Eine Ausnahme bildet lediglich im unteren Bild die Prognoseannahme von jährlichen Zuwachsraten der Nettoproduktion in Höhe von 6,5 vH.

auf eine Veränderung in den Zuwachsraten der Nettoproduktion. Wie in Gleichung (16) gezeigt werden konnte, verändern sich die Nettoinvestitionen bei Unterstellung eines konstanten Kapitalkoeffizienten nicht nur proportional zur Veränderung der Nettoproduktion — dieser Fall ist nur bei konstanten Zuwachsraten der Nettoproduktion gegeben —, sondern überproportional (Fall 2) bzw. unterproportional (Fälle 3 bis 5), wobei bei positiven, aber nur noch geringen Zuwachsraten der Nettoproduktion die Veränderungsraten der Nettoinvestitionen sogar negativ werden können.

Läßt man die Annahme eines konstanten Kapitalkoeffizienten fallen — diese Annahme wurde wegen der leichteren Ableitbarkeit der Zusammenhänge zwischen der Veränderung der Nettoproduktion und der Entwicklung der Nettoinvestitionen getroffen — und ersetzt diese durch die realistischere Möglichkeit eines variablen Kapitalkoeffizienten, wie er auch für den Maschinenbau aufgrund der ex post-Analyse vorausgeschätzt wurde, so ändert sich an den oben abgeleiteten Zusammenhängen nichts Wesentliches. Ein variabler Kapitalkoeffizient verstärkt oder schwächt lediglich die weiter oben abgeleitete Entwicklung der zukünftigen Nettoinvestitionen[80].

Entscheidend für die hier abgeleiteten Zusammenhänge mit Hilfe der Alternativschätzung ist jedoch die Unterstellung einer weitgehenden Unabhängigkeit der Veränderungen von Nettoproduktion und Kapitalkoeffizient. Nur wenn diese Unabhängigkeit in der Realität gegeben ist, können einer bestimmten Entwicklung des Kapitalkoeffizienten alternative Veränderungsraten der Nettoproduktion zugeordnet werden, um aus beiden Größen gemeinsam die zukünftigen Nettoinvestitionen alternativ zu errechnen. Das Verhältnis zwischen den Veränderungen von Nettoproduktion und Kapitakoeffizient und seine möglichen Auswirkungen auf die alternativen Nettoinvestitionsschätzungen für den Maschinenbau werden deshalb im nächsten Kapitel (Seite 80 ff.) noch eingehend zu behandeln sein.

---

[80] Ein zunehmender Kapitalkoeffizient impliziert — ceteris paribus — positive Nettoinvestitionen, während ein sinkender Kapitalkoeffizient für sich betrachtet zu negativen Nettoinvestitionen führt.

Drittes Kapitel

Die Sensitivität des Investitionsprognosemodells

Wie im vorangehenden Teil dieser Arbeit gezeigt werden konnte, beruhen die Prognoseergebnisse auf umfangreichen Berechnungen, die sich zum Teil auf Schätzungen stützen mußten. Auch dort, wo Daten der amtlichen Statistik genutzt werden konnten, sind Beobachtungsfehler nicht auszuschließen. Wenn dennoch so komplexe Berechnungen — wie die hier vorliegenden — durchgeführt wurden, so geschah dies im Vertrauen auf eine nur geringe Sensitivität des angewandten Verfahrens. Implizit wurde davon ausgegangen, daß die benutzten Daten und die zugrunde gelegte Methode im Hinblick auf das gestellte Ziel „zufriedenstellend" sind. Es ist deshalb abschließend zu prüfen, wie empfindlich tatsächlich das Investitionsprognosemodell gegenüber den Fehlern ist, die die Unterlagen zwangsläufig enthalten. „Es geht um die Stetigkeit des Ergebnisses als Funktion der Parameter des Problems, oder etwas ungenauer ausgedrückt, um die mathematische Stabilität des Problems[1]."

Nur so kann eine Vorstellung über den Vertrauensbereich der vorgelegten Projektionsergebnisse gewonnen werden. Gleichzeitig liefert die Überprüfung der Sensitivität des angewandten Verfahrens Anhaltspunkte über die Qualität der Unterlagen im Hinblick auf das gestellte Ziel. Sie vermittelt konkrete Vorstellungen darüber, wie die empirische Basis beschaffen sein muß, um so umfangreiche Berechnungen, wie die hier vorgeführten, zu rechtfertigen.

Fehler im Projektionsergebnis können vor allem auf folgende vier Fehlerquellen zurückgeführt werden[2]:

(1) Fehlspezifikationen des Modells, (2) Beobachtungsfehler, (3) Anwendung von Näherungsverfahren und (4) Rundungsfehler.

A. Der Einfluß von Fehlspezifikationen des Investitionsprognosemodells auf die Investitionsvorausschätzungen

Die quantitative Darstellung eines bestimmten ökonomischen Problems läßt sich in der Regel nur durch Abstraktion von der Realität vornehmen. „Die

---

[1] J. von Neumann und H. H. Goldstine, Numerical Inverting of Matrices of High Order. "Bulletin of the American Mathematical Society", Bd. 53 (1947), S. 1027, zit. nach O. Morgenstern, a.a.O., S. 108.
[2] Vgl. hierzu O. Morgenstern, a.a.O., S. 104 ff.

mathematische Formulierung stellt notwendigerweise nur eine mehr oder weniger klar umrissene Theorie über einen bestimmten Teil oder Aspekt der Wirklichkeit dar, nicht jedoch die volle Wirklichkeit selbst[3]." In welchem Maße das Ergebnis hierdurch von der Realität abweicht, ist daher von Fall zu Fall zu überprüfen.

Das vorgelegte Modell baut — wie schon erwähnt — auf Tautologien und definitorischen Grundgleichungen auf, die stets erfüllt sind. Fehlspezifikationen sind also hier nicht möglich. Die ökonomische Interpretation des vornehmlich aus Koeffizienten bestehenden Analyseinstrumentariums kann in der Regel jedoch nicht auf eine Theorie verzichten, deren abstrahierende Annahmen einer näheren Überprüfung bedürfen. Indes, nicht alle Hypothesen sind einer quantitativen Überprüfung zugänglich. Insbesondere gilt dies bezüglich der in der semiquantitativen Analyse der Koeffizienten getroffenen Annahmen. Die Überprüfung des angewandten Investitionsprognosemodells auf seine Realitätsnähe muß sich vielmehr auf zwei vereinfachende Modellannahmen beschränken: (1) Die Gleichsetzung der dem Ersatz dienenden neuen Investitionen mit den aus früheren Perioden ausscheidenden Investitionen in den Gleichungen 3 bis 5 und (2) die in Gleichung 8 unterstellte Unabhängigkeit zwischen der Entwicklung des Kapitalkoeffizienten und der Veränderung der Nettoproduktion.

1. Der Einfluß unrealistischer Modellannahmen auf die Schätzung der Ersatzinvestitionen

Die Annahme einer realen Übereinstimmung der zu schätzenden Ersatzinvestitionen mit den aus dem Produktionsprozeß ausscheidenden Bruttoinvestitionen aus früheren Perioden wurde bereits zu Beginn des ersten Kapitels als potentielle Fehlerquelle herausgestellt. Die Überlegungen dort ergaben, daß die getroffene Annahme um so mehr zu Abweichungen von der Realität und damit zu Fehlern im Ergebnis führen wird, je stärker der technische Fortschritt die Produktionsfähigkeit der neuen Anlagen gegenüber den alten erhöht. Bei in der Realität rasch fortschreitender technischer Entwicklung ist aus statistischen Gründen die Wahrscheinlichkeit groß[4], daß der reale Wert der neuen Anlagegüter zu niedrig ausgewiesen wird und deshalb ein Teil der als Ersatzinvestitionen berechneten Anlagen tatsächlich zu einer Erweiterung der Kapazität führt.

Im Anschluß an die Analyse des Maschinenbaus läßt sich die angedeutete Fehlerquelle für die vorliegenden Berechnungen nun etwas enger eingrenzen. Die für den gesamten Maschinenbau vorgenommene Rückführung der Koeffizientenentwicklung auf ihre wichtigsten Bestimmungsfaktoren hat gezeigt (Seite 47 ff.), daß der technische Fortschritt in der Vergangenheit nur eine untergeordnete Rolle gespielt hat. Dieses Ergebnis ist jedoch zum Teil stati-

---
[3] O. Morgenstern, a.a.O., S. 105.
[4] Vgl. hierzu S. 18.

stisch bedingt, da sich der technische Fortschritt im Maschinenbau überwiegend in einer höheren Präzision der Arbeitsweise der Maschinen und nicht in einer Erweiterung der Produktionsmöglichkeiten äußert. Eine erhöhte Präzision der Maschinenbauerzeugnisse wird jedoch wegen des bereits erwähnten Indexproblems im Nettoproduktionswert nicht voll erfaßt. In dem Maße, wie der reale Wert der Maschinenbauerzeugnisse durch Qualitätsverbesserungen des Outputs in der Vergangenheit zugenommen hat, können also die Ersatzinvestitionen zu niedrig geschätzt sein. Der mögliche Fehler läßt sich jedoch nicht quantifizieren. Er dürfte indes im Maschinenbau insgesamt geringer sein als in einigen Fachzweigen (insbesondere Büromaschinen und Bau- und Baustoffmaschinen), in denen der technische Fortschritt nicht nur zu qualitativen Verbesserungen, sondern auch zu einer quantitativen Erhöhung der Produktion führte. Für diese Maschinenbereiche konnte nachgewiesen werden, daß der Kapitalbedarf je Produktionseinheit im Zeitablauf sinkt.

Als Ergebnis dieser Überlegungen kann also festgehalten werden, daß die Sensitivität der Schätzung der Ersatzinvestitionen aufgrund des unterstellten Modells um so größer ist, je rascher sich die Qualität der Investitionsgüter in Richtung einer Leistungssteigerung qualitativer oder quantitativer Art ändert. Die Sensitivität der Schätzungen hängt damit wesentlich von der jeweils untersuchten Branche und der betrachteten Periode ab.

2. Der Einfluß unrealistischer Modellannahmen auf die Schätzung der Nettoinvestitionen

Die in den Schätzungen der Ersatzinvestitionen auftretende Fehlermöglichkeit kehrt — mit entgegengesetztem Vorzeichen — in der Schätzung der Nettoinvestitionen wieder, die als Veränderung des Kapitalbestandes definiert wurden. Die angedeutete Fehlspezifikationsmöglichkeit beeinträchtigt daher in erster Linie die Aufteilung der zu schätzenden Bruttoinvestitionen in Netto- und Ersatzinvestitionen.

Die Vorausschätzung der Nettoinvestitionen allein betrifft indessen die in Gleichung (8) unterstellte Unabhängigkeit zwischen der Entwicklung des Kapitalkoeffizienten und der Veränderung der Nettoproduktion. Diese Annahme war erforderlich, um mit Hilfe des auf der generalisierenden Theorie beruhenden zukünftigen Kapitalkoeffizienten mögliche Investitionsentwicklungen bei alternativem Produktionswachstum quantifizieren zu können. Eine isolierte Analyse und Projektion der Koeffizienten, wie sie das Modell vorsieht, führt jedoch nur dann zu den dargestellten Alternativschätzungen der Nettoinvestitionen, wenn sich Kapitalkoeffizient und Nettoproduktion weitgehend unabhängig voneinander entwickeln.

Der Fehlerbereich, der durch die isolierte Betrachtung von $\frac{K}{P}$ und P in der vorgeführten Alternativschätzung der Nettoinvestitionen enthalten ist, kann nur durch Analogieschluß von der Vergangenheit auf die Zukunft eingegrenzt werden. Eine Aussage über die Sensitivität der Alternativschätzungen der Nettoinvestitionen des Maschinenbaus läßt sich nur dann treffen, wenn das für die Vergangenheit festgestellte Verhältnis zwischen den Veränderungen von Nettoproduktion und Kapitalkoeffizient auch für die Zukunft unterstellt werden kann. Es gilt also zunächst, den Zusammenhang beider Größen für die Vergangenheit zu überprüfen.

Die Ergebnisse der Querschnittsanalyse der zehn Maschinenbaufachzweige deuten bereits für diesen Teil des Maschinenbaus auf einen gewissen Zusammenhang zwischen der Produktionsentwicklung und der Veränderung der Koeffizienten hin. Auch in der Zeitreihenanalyse des gesamten Maschinenbaus war für die Jahre 1955 bis 1962 der Zusammenhang zwischen Koeffizienten- und Produktionsentwicklung sehr eng. In der Vergangenheit bestand zwischen den Veränderungsraten der Koeffizienten und den Zuwachsraten der Nettoproduktion folgender rechnerischer Zusammenhang:

$$r_{P, K/A} = + 0{,}72, \quad r_{P, K/P} = - 0{,}99, \quad r_{P, A/P} = - 0{,}85.$$

Für 7 Beobachtungswerte sind die errechneten Korrelationskoeffizienten signifikant von Null verschieden[5]. Die im Modell unterstellte Unabhängigkeit zwischen dem Kapitalkoeffizienten und der Nettoproduktion erweist sich damit für den Maschinenbau insgesamt als unrealistisch. Wie aus Tabelle 11 ersichtlich, widerspricht die Unabhängigkeitshypothese in einigen Fachzweigen schon weniger der Realität, wenngleich auch hier ein gewisser Konnex zwischen Kapitalkoeffizient und Nettoproduktion nicht zu leugnen ist. Die Modellannahme weicht offensichtlich um so mehr von der Wirklichkeit ab, je höher der Aggregationsgrad ist[6]. Die Sensitivität des Projektionsergebnisses aufgrund der Hypothese, daß Kapitalkoeffizient und Nettoproduktion in ihrer Entwicklung voneinander unabhängig sind, sei deshalb am Beispiel des gesamten Maschinenbaus verdeutlicht.

Geht man mangels anderer Informationen davon aus, daß der in der Vergangenheit bestehende enge Zusammenhang zwischen der Produktionszunahme und der Steigerung des Kapitalkoeffizienten auch in der Zukunft gültig sein wird, so kann dieser bei der Alternativschätzung der Nettoinvestitionen nicht unberücksichtigt bleiben, wie dies in Schaubild 13 geschehen ist. Die Nettoinvestitionen können vielmehr nur für solche Produktionsentwicklungen alternativ errechnet werden, die mit der vorausgeschätzten Veränderung des Kapitalkoeffizienten eng korrelieren. Hierdurch reduziert sich der in

---

[5] Der Rechnung konnten die jährlichen Veränderungsraten des Zeitraumes 1956–1962 zugrunde gelegt werden. Zum Signifikanztest vgl. R. A. Fisher, Statistische Methoden für die Wissenschaft. 12. neu bearb. u. erw. Aufl., einzige autorisierte Übertragung ins Deutsche von Dora Lucka. Edinburgh - London 1956, S. 210.

[6] Vgl. hierzu W. Beckerman und Associates, The British Economy in 1975. Cambridge 1965, S. 257: „Unfortunately, while the various results justify confidence in the direction of the relationship between ICORs and rates of growth of output, only those at the level of total GNP were highly significant statistically. The results at the level of the individual manufacturing industry, while statistically significant, were not so to a degree that would justify categorial answers to the questions of how much greater, if at all, would be the investment burden associated with faster growth."

Tabelle 11: Der Zusammenhang zwischen der Veränderung der
Nettoproduktion und der Veränderung des Kapitalkoeffizienten im Maschinenbau
1956—1962 (Bundesgebiet[1])

	Korrelations-koeffizient[2]
Maschinenbau insgesamt	− 0,999
darunter:	
Büromaschinen	− 0,771
Bau- und Baustoffmaschinen	− 0,975
Hebezeuge und Fördermittel	− 0,384
Werkzeugmaschinen	− 0,759
Landmaschinen	− 0,944
Nahrungsmittelmaschinen	− 0,598
Textilmaschinen	− 0,746
Kraftmaschinen	− 0,954
Ackerschlepper	− 0,635
Bergwerksmaschinen	− 0,873

Eigene Berechnungen. — [1] Ab 1960 einschließlich Saarland und Berlin (West). —
[2] Dieser ist für $n = 7$ bei einer Irrtumswahrscheinlichkeit von 1 vH mit $r = 0,798$ signifikant von Null verschieden; vgl. hierzu: R. A. Fisher, a. a. O., S. 210.

Schaubild 13 dargestellte Projektionsfächer auf ein schmales Projektionsintervall. Von den angeführten Beispielen wird die enge negative Korrelation zwischen den Veränderungen von Nettoproduktion und Kapitalkoeffizient sogar nur von einer einzigen Produktionsalternative erfüllt. Nur bei einer sich kontinuierlich ermäßigenden Zuwachsrate der Nettoproduktion von 6,5 vH auf 5 vH besteht zwischen dem auf einer generalisierenden Formulierung vergangener Entwicklungstrends beruhenden Kapitalkoeffizienten und der Nettoproduktion der für die Vergangenheit konstatierte enge negative Zusammenhang. Bei einer stärkeren Ermäßigung der Zuwachsraten auf 3 vH im Projektionsendjahr ist der Korrelationskoeffizient mit $r = -0,32$ bereits nicht mehr signifikant von Null verschieden.

Durch die enge negative Korrelation zwischen den Veränderungen von Kapitalkoeffizient und Nettoproduktion im Maschinenbau wird also implizit mit der Schätzung des Kapitalkoeffizienten eine bestimmte Nettoproduktionsentwicklung vorgegeben, deren Richtigkeit ohne eine unabhängige Nachfrageanalyse nicht überprüft werden kann. Lediglich die aktuellen Zuwachsraten der Nettoproduktion des Maschinenbaus, die bis zum gegenwärtigen Zeitpunkt bekannt sind[7], bieten eine Kontrollmöglichkeit. Diese widersprechen dem implizit in der Entwicklung des Kapitalkoeffizienten enthaltenen Pro-

---

[7] Bis 1966 einschließlich liegen aktuelle Daten (keine Trendwerte) vor.

duktionstrend bislang nicht, so daß der Investitionsschätzung bei Annahme einer Produktionsentwicklung von jährlich 6,5 vH bis 5 vH eine hohe Wahrscheinlichkeit eingeräumt werden kann.

Weicht hingegen langfristig die Produktion des Maschinenbaus von diesem Trend erheblich ab, so resultieren hieraus nicht die in Schaubild 13 dargestellten Investitionsalternativen. Die Investitionen sind vielmehr mit Hilfe eines „konsistenten" Kapitalkoeffizienten völlig neu zu schätzen. Diese zusätzliche Konsistenzforderung macht die Schätzungen der Nettoinvestitionen äußerst instabil, zumal sich die Überprüfung der Konsistenz lediglich an dem für die Vergangenheit aufgestellten Funktionalzusammenhang zwischen der Veränderung des Kapitalkoeffizienten und der Zunahme der Nettoproduktion orientieren kann. Dieser läßt sich jedoch nur dann quantifizieren, wenn der Zusammenhang zwischen beiden Größen — wie im Maschinenbau insgesamt — sehr eng ist. Der Funktionalzusammenhang zwischen den Zuwachsraten von Kapitalkoeffizient und Nettoproduktion im Maschinenbau ist in Schaubild 14 graphisch dargestellt. Geht man davon aus, daß dieser Zusammenhang im Projektionszeitraum bestehen bleibt, so läßt sich zu jeder zukünftigen Produktionsentwicklung mit Hilfe der Regressionsgleichung die entsprechende Veränderung des Kapitalkoeffizienten berechnen.

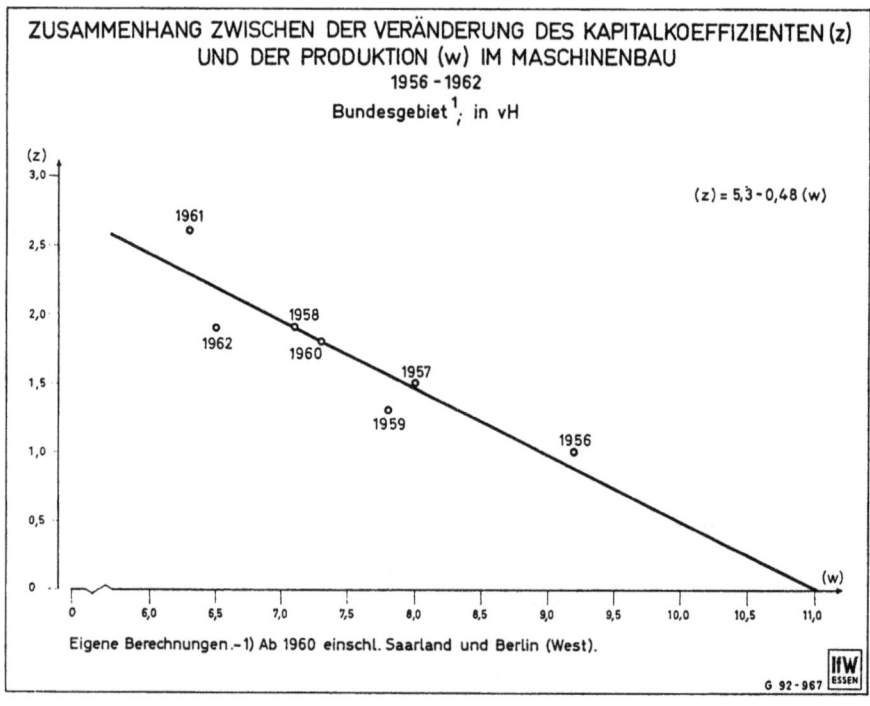

Schaubild 14

Dies sei am Beispiel einer langfristigen Steigerung der jährlichen Zuwachsraten der Nettoproduktion von 6,5 vH auf 8 vH verdeutlicht. Wie aus Schaubild 15 ersichtlich ist, reagiert der zukünftige Verlauf des Kapitalkoeffizienten äußerst empfindlich auf eine Richtungsänderung der Zuwachsraten der Nettoproduktion. Während der Kapitalkoeffizient des Maschinenbaus als Ergebnis der semiquantitativen Analyse der Vergangenheit bis zum Jahre 1970 mit wachsenden Zuwachsraten ansteigen muß (diesem Verlauf des Kapitalkoeffizienten entsprechen kontinuierlich abnehmende Zuwachsraten der Nettoproduktion von 6,5 auf 5 vH), sind steigende Zuwachsraten der Nettoproduktion wegen der engen negativen Korrelation nur mit abnehmenden Zuwachsraten des Kapitalkoeffizienten vereinbar.

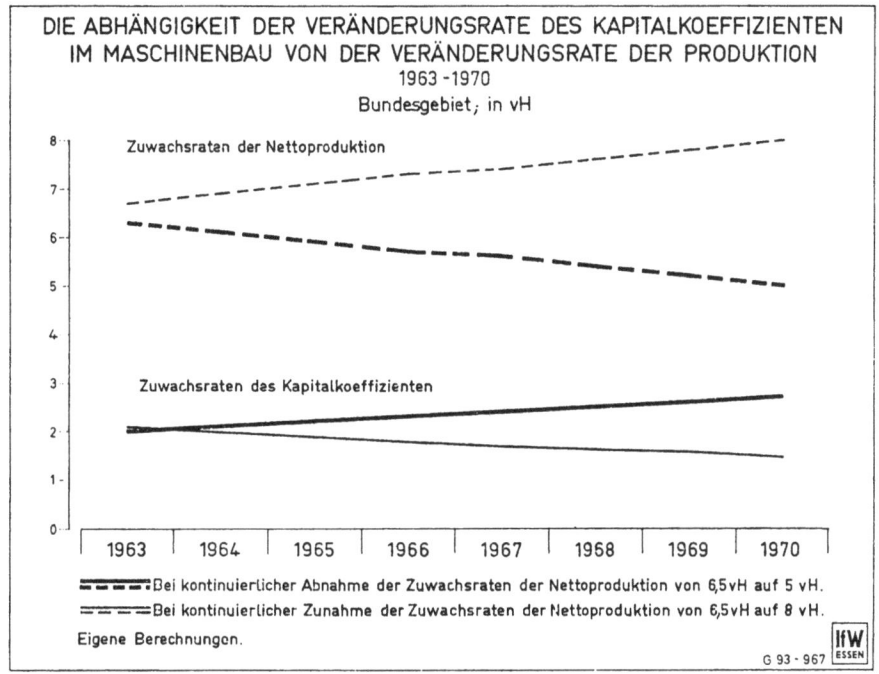

Schaubild 15

Der Kapitalkoeffizient ist also ein äußerst empfindliches Prognoseinstrument. Seine zukünftige Entwicklung muß sich nicht nur in die Tautologie $\frac{K}{P} = \frac{K}{A} \cdot \frac{A}{P}$ einpassen; sie hat zusätzlich die Konsistenz mit der voraussichtlichen Produktionsentwicklung zu beachten. Fehler, die durch Nichtbeachtung dieser Konsistenz bei der Schätzung der Nettoinvestitionen entstehen können, sind in Tabelle 12 an einem Beispiel dargestellt. Bei der Schätzung der Nettoinvestitionen wurde hier von wachsenden Zuwachsraten der Nettoproduktion von 6,5 auf 8 vH ausgegangen. In der ersten Spalte wurde unterstellt, daß $\frac{K}{P}$ und P voneinander unabhängig sind. $\frac{K}{P}$ entspricht hier der semiquantitativen Analyse der Vergangenheit. Demgegenüber wurde in der zweiten Spalte der Funktionalzusammenhang zwischen Kapitalkoeffizient und Nettoproduktion berücksichtigt:

$$Z = 5{,}3 - 0{,}48 \cdot W \; ; \quad \begin{aligned} Z &= \Delta\left(\frac{K}{P}\right) \cdot \frac{P}{K} \; ; \\ W &= \frac{\Delta P}{P} \; . \end{aligned}$$

Tabelle 12: Die Sensitivität der Nettoinvestitionen des Maschinenbaus aufgrund der Unabhängigkeitshypothese zwischen $\frac{K}{P}$ und P, 1963 bis 1970

Jahr	Geschätzte Nettoinvestitionen in Mill. DM		Abweichung in vH
	bei inkonsistenten $\frac{K}{P}$ und P	bei konsistenten $\frac{K}{P}$ und P	
1963	1 353,3	1 302,6	+ 3,9
1964	1 536,0	1 434,2	+ 6,4
1965	1 724,3	1 574,9	+ 9,5
1966	1 940,8	1 725,0	+ 12,5
1967	2 184,1	1 890,4	+ 15,5
1968	2 477,8	2 076,3	+ 19,3
1969	2 824,0	2 288,9	+ 23,4
1970	3 233,5	2 524,5	+ 28,1

Eigene Berechnungen.

Die Rechnung in Tabelle 12 macht die bereits angedeutete Sensitivität der Schätzung der Nettoinvestitionen offenkundig. Nicht nur die Entwicklung des Kapitalkoeffizienten zeigt empfindliche Reaktionen auf eine veränderte Produktionsentwicklung, sondern gleichzeitig auch der Verlauf der Nettoinvestitionen. Weitreichende Fehler können einzig und allein durch Beachtung des Funktionalzusammenhanges zwischen der Veränderung von Kapitalkoeffizient und Nettoproduktion vermieden werden.

B. Der Einfluß von Beobachtungsfehlern auf die Investitionsvorausschätzungen

Wie bereits ausgeführt wurde, sind vom Modellansatz her keine zu großen Fehler in den Bruttoinvestitionsschätzungen für den gesamten Maschinenbau zu erwarten. Dennoch sind störende Einflüsse auf das Ergebnis durch Beobachtungsfehler in den Ausgangsdaten nie ganz auszuschalten. „Es ist ihr Einfluß auf das Ergebnis, worauf es wirklich ankommt[8]." Wie stark nur geringe Beobachtungsfehler das Endergebnis verfälschen können, zeigt Morgenstern[9] an einem Beispiel von zwei linearen Gleichungen.

Auf mögliche Fehlerbereiche im Ausgangsmaterial wurde bereits im zweiten Kapitel, Abschnitt B, hingewiesen. Es liegt auf der Hand, daß an dieser Stelle nicht alle Beobachtungsfehler in ihrer Auswirkung auf das Endergebnis analysiert werden können. Die Untersuchung beschränkt sich vor allem auf die Wirkungen, die vom Lebensdaueransatz auf die Schätzungen von Netto- und Ersatzinvestitionen ausgehen. Im Vergleich zu den übrigen Ausgangsdaten Nettoproduktion, Arbeitseinsatz und Bruttoinvestitionen ist die ökonomische Lebensdauer der Investitionsgüter der unsicherste Bestandteil der Berechnungen. Dieser Unsicherheit wurde bereits dadurch Rechnung getragen, daß bei der Aufbereitung der Daten für den Maschinenbau wegen der schmalen empirischen Basis jeweils zwei extremen Lebensdauerverteilungen für Bauten, Maschinen sowie Werkzeuge, Fahrzeuge etc. die gleiche Wahrscheinlichkeit zugestanden wurde.

Darüber hinaus ist die Abhängigkeit der Investitionsschätzungen vom Lebensdaueransatz noch von allgemeinerem Interesse. Verschiedentlich wird nämlich davon ausgegangen, daß die Ersetzung der in der Realität gegebenen — aber unbekannten — Lebensdauerverteilung durch eine durchschnittliche Lebensdauer das Ergebnis nicht nennenswert beeinflußt. Im folgenden ist deshalb zu prüfen, in welchem Maße sich die Investitionsprojektionen ändern, wenn in den hierzu notwendigen Berechnungen an die Stelle der bisher unterstellten Lebensdauerverteilungen I die Verteilungen II bzw. die den Verteilungen I entsprechende durchschnittliche Lebensdauer treten.

1. Die Abhängigkeit der Ersatzinvestitionen vom Lebensdaueransatz

Wie bereits weiter oben ausgeführt wurde[10], entscheidet der Lebensdaueransatz über Anzahl und Höhe der Summanden, die in die Berechnung der

---

[8] J. v. Neumann und H. H. Goldstine, a.a.O., S. 1027 ff.
[9] O. Morgenstern, a.a.O., S. 109: Die Gleichungen $x - y = 1$
$x - 1,00001\ y = 0$
haben die Lösungen $x = +100\,001$, $y = +100\,000$, während die nahezu identischen Gleichungen
$x - y = 1$
$x - 0,999999\ y = 0$
die Lösungen $x = -99\,999$, $y = -100\,000$ ergeben.
[10] Vgl. S. 16 ff.

zukünftigen Ersatzinvestitionen eingehen. Während bei Unterstellung einer Lebensdauerverteilung die Zahl der Summanden der maximalen Lebensdauer und die Höhe der Summanden einem durch die Lebensdauerverteilung determinierten Bruchteil vergangener Investitionsjahrgänge entspricht, geht bei Annahme einer durchschnittlichen Lebensdauer nur ein Summand in Höhe des um die durchschnittliche Lebensdauer zurückliegenden Investitionsjahrganges voll in die Rechnung ein.

Die quantitativen Auswirkungen einer Lebensdauervariation auf die Schätzung der Ersatzinvestitionen des Maschinenbaus sind in Schaubild 16 dargestellt. Wie aus dieser Darstellung ersichtlich, reagieren die Ersatzinvestitionen besonders empfindlich auf Änderungen in der Lebensdauerverteilung, weniger hingegen auf die Ersetzung der Verteilung durch eine durchschnittliche Lebensdauer, wenn diese mit der unterstellten Lebensdauerverteilung konsistent ist.

Bei Unterstellung der Lebensdauerverteilungen II, die einer längeren Lebensdauer entsprechen, erreichen die Schätzungen der Ersatzinvestitionen im Durchschnitt nur 70 vH des Niveaus, das bei Annahme der Lebensdauer-

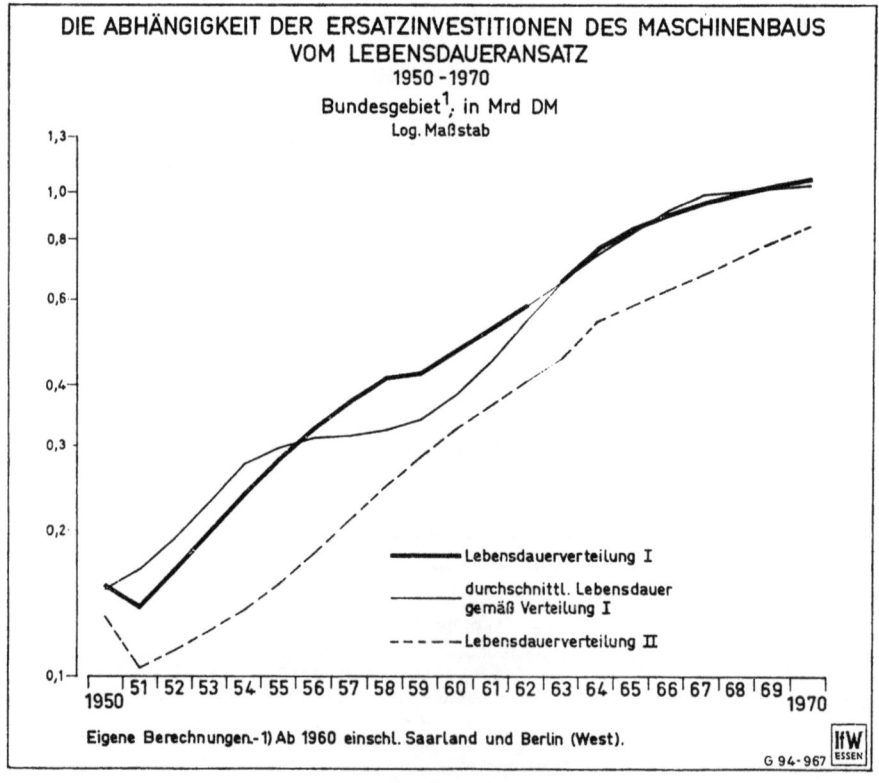

Schaubild 16

verteilungen I geschätzt wurde. Die in amerikanischen Untersuchungen getroffene Feststellung[11], daß es bei der Schätzung der Ersatzinvestitionen nicht so sehr auf die „richtige" Lebensdauerverteilung als vielmehr auf die Ersetzung der durchschnittlichen Lebensdauer durch eine Lebensdauerverteilung ankomme, wird also hier nicht bestätigt. Im Gegenteil: Die Schätzung der Ersatzinvestitionen erweist sich als äußerst sensitiv.

Während die gewählte Lebensdauerverteilung also maßgeblich das Niveau der zu schätzenden Ersatzinvestitionen beeinflußt, liegt der Einfluß der durchschnittlichen Lebensdauer auf einem anderen Gebiet. Tritt an die Stelle einer Lebensdauerverteilung die entsprechende durchschnittliche Lebensdauer, so zeigen sich starke Schwankungen in der Entwicklung der Ersatzinvestitionen. Diese spiegeln die konjunkturelle Entwicklung der Bruttoinvestitionen in den vergangenen Jahren wider. Wie Schaubild 16 deutlich zeigt, ist die Abweichung der Ersatzinvestitionen von den ursprünglichen Schätzungen aufgrund der Annahme einer durchschnittlichen Lebensdauer nicht in jedem Zeitabschnitt die gleiche. Je stärker die jeweils um die durchschnittliche Lebensdauer zurückliegenden Bruttoinvestitionen Schwankungen unterworfen waren, um so höher ist die Sensitivität der Ersatzinvestitionsschätzungen. Diese wird auch durch die vorherige Glättung der Bruttoinvestitionen nicht wesenlich gemindert, wie Schaubild 16 zeigt.

Im Projektionszeitraum 1963 bis 1970 ändern sich die Ersatzinvestitionen durch die Annahme einer durchschnittlichen Lebensdauer anstelle einer Lebensdauerverteilung kaum, da in diesem Zeitabschnitt vor allem die jährlich stark ansteigenden Investitionen der Jahre nach 1950 zum Ausscheiden gelangen. Die Konjunkturkomponente trat in dieser Zeit gegenüber dem Trend stark zurück, so daß die zukünftigen Ersatzinvestitionen kaum konjunkturell bedingt schwanken. Die verbleibenden Differenzen gegenüber der Ausgangsschätzung fallen vor allem dann nicht ins Gewicht, wenn nicht die Ersatzinvestitionen jedes einzelnen Jahres, sondern des gesamten Projektionszeitraumes verglichen werden.

Als Ergebnis kann somit festgehalten werden:

Während eine Änderung der Lebensdauerverteilung das Niveau der zu schätzenden Ersatzinvestitionen beeinflußt, hängt die Sensitivität der Ersatzinvestitionen aufgrund der Wahl einer durchschnittlichen Lebensdauer anstelle einer Lebensdauerverteilung von verschiedenen Bedingungen ab, insbesondere von den Schwankungen der Bruttoinvestitionen in der Vergangenheit und der Abgrenzung des Projektionszeitraums. Im Falle des Maschinenbaus ändern sich die Schätzergebnisse nur geringfügig, da die im Projektionszeitraum zur Ausscheidung gelangenden Bruttoinvestitionen nur wenig schwanken und der Projektionszeitraum gerade so gewählt ist, daß sich diese geringen Schwankungen über den gesamten betrachteten Zeitraum ausgleichen. Diese geringe Sensitivität der Schätzung der Ersatzinvestitionen darf

---

[11] R. W. Grosse and E. B. Berman, a.a.O., S. 395.

indessen nicht verallgemeinert werden, da es entscheidend auf die genannten Bedingungen: Schwankungen der Bruttoinvestitionen und Abgrenzung der Projektionsperiode ankommt.

2. Die Abhängigkeit der Nettoinvestitionen vom Lebensdaueransatz

Während der Einfluß des Lebensdaueransatzes auf die Schätzung der Ersatzinvestitionen unmittelbar empirisch überprüft werden konnte, ist eine Beurteilung der Nettoinvestitionsschätzung in dieser Hinsicht nur unter einigen Annahmen möglich, die jedoch das Ergebnis nicht wesentlich beeinträchtigen. Wie weiter oben gezeigt wurde, erfolgt die Vorausschätzung der Nettoinvestitionen im Gegensatz zu den Ersatzinvestitionen nicht durch einen reinen Rechengang; durch die semiquantitative Analyse der Koeffizienten, von der die Nettoinvestitionen abhängen, fließen vielmehr zusätzlich subjektive Elemente in die Schätzung ein, die Alternativrechnungen im strengen Sinne ausschließen. Eine Analyse der Sensitivität der Nettoinvestitionsschätzungen muß sich also auf die rechenbaren Elemente, d. h. auf Niveau[12] und Zuwachsraten von Kapitalintensität und Kapitalkoeffizient in der ex post-Periode beschränken.

Die Basis der Projektion wird jedoch dadurch nicht wesentlich eingeschränkt, da die Erklärung beider Koeffizienten den wichtigsten Ausgangspunkt für die Projektion des Kapitalkoeffizienten bildete, mit dessen Hilfe die Nettoinvestitionen des Maschinenbaus dann geschätzt wurden. Es kann also davon ausgegangen werden, daß der Kapitalkoeffizient bei alternativen Lebensdauerannahmen konsistent geschätzt wird, wenn die Differenzen in den Zuwachsraten der Vergangenheit auch in der Zukunft berücksichtigt werden.

In Schaubild 17 sind die Zuwachsraten von Kapitalkoeffizient und Kapitalintensität für die Jahre 1956 bis 1962 dargestellt, wie sie sich bei den Lebensdauerhypothesen Verteilung I, Verteilung II und einer der Verteilung I entsprechenden durchschnittlichen Lebensdauer ergeben. Wie aus der Grafik ersichtlich, reagiert die Entwicklung des Kapitalkoeffizienten auf eine Änderung der Lebensdauerverteilung kaum. Zu maßgeblichen Änderungen der Vergangenheitsentwicklung führt jedoch die Annahme einer durchschnittlichen Lebensdauer anstelle einer Lebensdauerverteilung, da hier die Schwankungen der Investitionen aus den um die durchschnittliche Lebensdauer zurückliegenden Jahren durchschlagen.

Hierdurch wird die Basis der Nettoinvestitionsschätzungen äußerst unsicher, zumal sich die Differenz zwischen den Zuwachsraten der Koeffizienten nach beiden Lebensdauerannahmen im Zeitablauf nicht systematisch ändert und

---

[12] Das Koeffizientenniveau ist neben der Koeffizientenentwicklung für die Schätzung der Nettoinvestitionen von Bedeutung, da diese als absolute Differenz aus zwei Kapitalbeständen definiert wurden. Bei gleichen Veränderungsraten des Kapitalkoeffizienten ist die Differenz der Kapitalbestände um so größer, je höher das Ausgangsniveau ist.

somit eine konsistente Schätzung des Kapitalkoeffizienten erschwert wird. In welchem Maße die auf einer durchschnittlichen Lebensdauer aufbauenden Investitionsschätzungen für den Maschinenbau von den weiter oben vorgelegten Ergebnissen abweichen, dürfte vor allem davon abhängen, ob — wie hier — eine Vergleichsmöglichkeit mit den auf einer Lebensdauerverteilung basierenden Koeffizienten und Ersatzinvestitionen besteht oder nicht.

Wenn — wie das in der Regel der Fall ist — die genannte Vergleichsmöglichkeit nicht gegeben ist, wird sich die Projektion des Kapitalkoeffizienten in erster Linie an der Vergangenheitsentwicklung orientieren. Wie aus Schaubild 17 zu entnehmen ist, lagen in der Vergangenheit die Zuwachsraten des Kapitalkoeffizienten bei Annahme einer durchschnittlichen Lebensdauer mit Ausnahme des letzten Beobachtungsjahres (1962) um rd. 20 vH über denen, die sich aufgrund einer Lebensdauerverteilung ergaben. Bei alleiniger Bezugnahme auf die Vergangenheitsentwicklung kann also für die Zukunft mit durchschnittlich um 20 vH höheren Zuwachsraten des Kapitalkoeffizienten gerechnet werden[13].

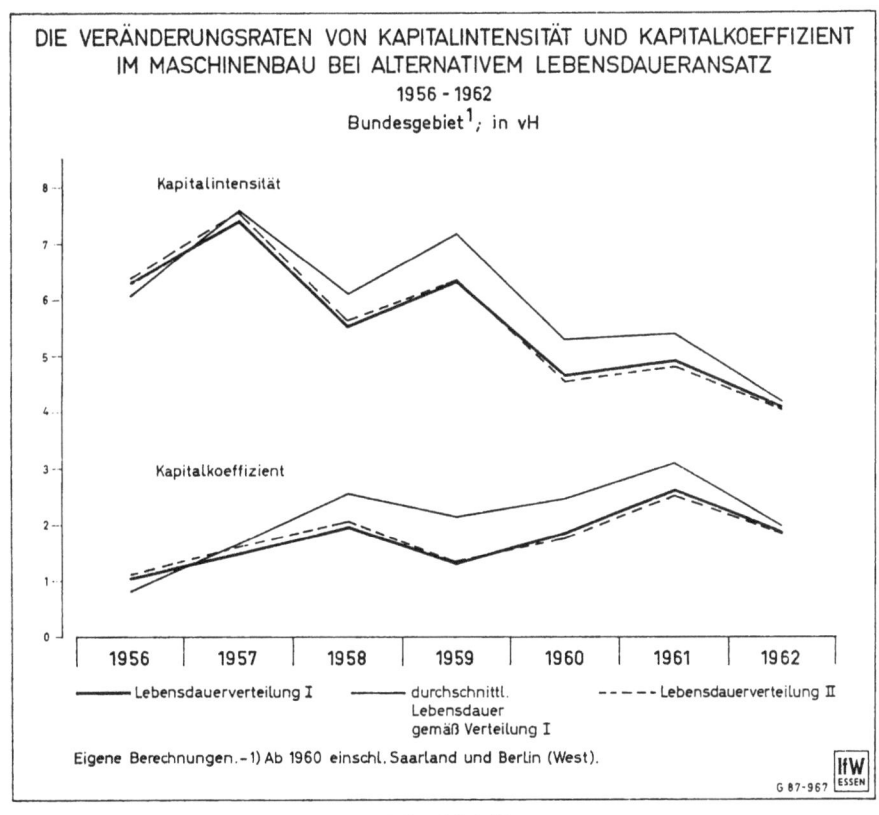

Schaubild 17

---
[13] Diese Annahme liegt auch der folgenden Rechnung zugrunde.

Bezieht man hingegen die Erkenntnisse aus der vorangegangenen Schätzung der Ersatzinvestitionen bei alternativen Lebensdauerannahmen in die Projektionsüberlegungen für den Kapitalkoeffizienten ein, so dürfte die zukünftige Veränderung des Kapitalkoeffizienten in erheblich geringerem Maße von den Schätzungen bei Unterstellung der entsprechenden Lebensdauerverteilung abweichen. Wie bereits bei der Schätzung der Ersatzinvestitionen gezeigt werden konnte, unterscheiden sich die zukünftigen Ersatzinvestitionen nach beiden Lebensdauerannahmen im Gegensatz zu den der Jahre 1955 bis 1962 nur geringfügig, da im Projektionszeitraum vornehmlich die nur wenig schwankenden Investitionsjahrgänge der fünfziger Jahre zum Ausscheiden gelangen. Wegen der Symmetrie der Berechnungen von Ersatzinvestitionen und Kapitalbestand wird deshalb auch die Entwicklung des Kapitalkoeffizienten bei Annahme einer durchschnittlichen Lebensdauer nur wenig von den Werten bei Unterstellung einer Lebensdauerverteilung differieren.

Wie jedoch schon angedeutet wurde, beeinflußt der Lebensdaueransatz die Nettoinvestitionsschätzungen nicht nur über die Entwicklung, sondern auch über das Niveau des Kapitalkoeffizienten. Die Abhängigkeit des Koeffizientenniveaus vom Lebensdaueransatz ist in Tabelle 13 dargestellt.

In dieser Übersicht wurde das Niveau des Kapitalkoeffizienten, das sich auf der Basis der Lebensdauerverteilungen I ergibt, gleich eins gesetzt und das Koeffizientenniveau aufgrund der anderen Lebensdauerannahmen als ein Vielfaches von eins ausgedrückt:

Tabelle 13: Die Abhängigkeit des Kapitalkoeffizientenniveaus im Maschinenbau vom Lebensdaueransatz 1955 bis 1962 in vH (Bundesgebiet[1])

Jahr	Relatives Niveau des Kapitalkoeffizienten		
	Lebensdauer-verteilung I	durch-schnittliche Lebensdauer	Lebensdauer-verteilung II
1955	1,00	1,03	1,15
1956	1,00	1,02	1,16
1957	1,00	1,03	1,16
1958	1,00	1,03	1,16
1959	1,00	1,04	1,16
1960	1,00	1,05	1,16
1961	1,00	1,05	1,16
1962	1,00	1,05	1,16

Eigene Berechnungen. — [1] Ab 1960 einschließlich Saarland und Berlin (West).

Wie aus Tabelle 13 ersichtlich, berührt die Ersetzung der Lebensdauerverteilung durch eine konsistente durchschnittliche Lebensdauer das Niveau des

Kapitalkoeffizienten nur unwesentlich, während die Kapitalbestandsrechnung mit der Lebensdauerverteilung II zu einem um 16 vH höheren Koeffizientenniveau führt.

Als Ergebnis läßt sich somit festhalten:

Bezogen auf die Lebensdauerverteilung I führt die Annahme einer entsprechenden durchschnittlichen Lebensdauer zu einer abweichenden Entwicklung des Kapitalkoeffizienten und die Annahme einer verschiedenen Verteilung (II) zu einem abweichenden Niveau des Kapitalkoeffizienten. In beiden Fällen ergeben sich — verglichen mit der Ausgangsschätzung — unterschiedlich hohe Nettoinvestitionen.

Nachdem nun die Sensitivität der definitorischen Bestandteile der Bruttoinvestitionen — Netto- und Ersatzinvestitionen — aufgrund des Lebensdaueransatzes überprüft ist, läßt sich abschließend auch eine Aussage über die Abhängigkeit der Bruttoinvestitionen vom Lebensdaueransatz treffen. Zu diesem Zweck wurden die Ergebnisse der voraufgegangenen Überlegungen in Tabelle 14 noch einmal zusammengestellt.

Diese Tabelle enthält für die Jahre 1963 bis 1970 in Spalte 1 Schätzwerte für die Ersatz-, Netto- und Bruttoinvestitionen im Maschinenbau bei Unterstellung der Lebensdauerverteilung I, in Spalte 2 die entsprechenden Schätzwerte bei Annahme einer durchschnittlichen Lebensdauer, die Verteilung I entspricht, und in Spalte 4 Schätzungen von Ersatz-, Netto- und Bruttoinvestitionen bei Annahme der Lebensdauerverteilung II.

Wie diese Gegenüberstellung der Investitionsschätzungen in Tabelle 14 zeigt, reagiert vor allem die Schätzung der Nettoinvestitionen empfindlich auf jede Lebensdauerveränderung (vgl. Spalte 3 und 5). Gleichgültig, ob an die Stelle der Lebensdauerverteilungen I jeweils die entsprechende durchschnittliche Lebensdauer oder aber die Lebensdauerverteilungen II treten, die Schätzungen der Nettoinvestitionen liegen in jedem Fall erheblich über den Schätzungen aufgrund der Lebensdauerverteilungen I.

Interessiert hingegen nur die Schätzung der Ersatzinvestitionen, so kann unter gewissen Bedingungen anstelle einer Lebensdauerverteilung die entsprechende durchschnittliche Lebensdauer in den Rechnungen verwandt werden. Ausschlaggebend ist vor allem, daß die Bruttoinvestitionen der Vergangenheit, die im Projektionszeitraum aus dem Produktionsprozeß ausscheiden, nur wenig konjunkturell schwanken, da sich die konjunkturelle Komponente der Investitionsentwicklung der Vergangenheit voll in den Vorausschätzungen der Ersatzinvestitionen niederschlägt.

Diese Bedingung ist für den betrachteten Zeitraum 1963—1970 im Maschinenbau annahmegemäß erfüllt, so daß Abweichungen in den Schätzungen nicht über ± 3,5 vH hinausgehen (Spalte 3).

Tabelle 14: Die Sensitivität der Investitionsschätzungen im Maschinenbau aufgrund von Fehlern im Lebensdaueransatz 1963 bis 1970 (Bundesgebiet)

Jahr	Geschätzte Investitionen				
	bei Annahme von Verteilung I	bei Annahme einer durchschnittlichen Lebensdauer gemäß Verteilung I		bei Annahme von Verteilung II	
	in Mill. DM	in Mill. DM	Abweichung von Verteilung I in vH	in Mill. DM	Abweichung von Verteilung I in vH
	1	2	3	4	5
	Schätzung der Ersatzinvestitionen				
1963	654,2	655,1	+ 0,1	454,9	− 30,5
1964	760,2	740,7	− 2,6	542,5	− 28,6
1965	835,7	826,9	− 1,1	585,8	− 29,9
1966	893,9	913,9	+ 2,2	628,1	− 29,7
1967	948,2	980,5	+ 3,4	677,2	− 28,6
1968	989,9	1 001,1	+ 1,1	732,9	− 26,0
1969	1 028,1	1 022,5	− 0,5	793,1	− 22,9
1970	1 064,5	1 036,6	− 2,6	850,6	− 20,1
	Schätzung der Nettoinvestitionen[1]				
1963	1 257,4	1 395,1	+ 11,0	1 458,6	+ 16,0
1964	1 346,6	1 495,0	+ 11,0	1 562,1	+ 16,0
1965	1 441,2	1 621,6	+ 12,5	1 671,8	+ 16,0
1966	1 540,1	1 744,3	+ 13,3	1 786,5	+ 16,0
1967	1 650,1	1 882,8	+ 14,1	1 914,1	+ 16,0
1968	1 769,5	2 036,0	+ 15,1	2 052,6	+ 16,0
1969	1 891,4	2 194,0	+ 16,0	2 194,0	+ 16,0
1970	1 953,8	2 392,8	+ 22,5	2 266,4	+ 16,0
	Schätzung der Bruttoinvestitionen				
1963	1 911,6	2 050,2	+ 7,3	1 913,5	+ 0,1
1964	2 106,8	2 235,7	+ 6,1	2 104,6	− 0,1
1965	2 276,9	2 448,5	+ 7,5	2 257,6	− 0,9
1966	2 434,0	2 658,2	+ 9,2	2 414,6	− 0,8
1967	2 598,3	2 863,3	+ 10,2	2 591,3	− 0,3
1968	2 759,4	3 037,1	+ 10,1	2 785,5	+ 1,0
1969	2 919,5	3 216,5	+ 10,2	2 987,1	+ 2,3
1970	3 018,3	3 429,4	+ 13,6	3 117,0	+ 3,3

Eigene Berechnungen. — [1] Bei Annahme einer Produktionszunahme von jährlich 6,5 bis 5 vH.

Wird jedoch die Lebensdauerverteilung durch eine andere Verteilung ersetzt, Verteilung II anstelle von Verteilung I, so weichen die zukünftigen Ersatzinvestitionen in jedem Falle voneinander ab. Eine Gewichtsverlagerung zugunsten einer längeren Lebensdauer impliziert geringere Ersatzinvestitionen. Dieser Fall ist bei den Berechnungen der Ersatzinvestitionen für den Maschinenbau gegeben, da die Lebensdauerverteilung II als oberes Extrem der ökonomischen Lebensdauer gegenüber der Lebensdauerverteilung I als unteres Extrem definiert wurde. Im Prognosezeitraum liegen deshalb die Ersatzinvestitionen, die aufgrund der Lebensdauerverteilung II errechnet wurden, 20 vH bis 30 vH unter den Werten, die sich aufgrund der Verteilung I ergaben (Spalte 5).

In der Schätzung der Bruttoinvestitionen, auf die es in der vorliegenden Untersuchung primär ankommt, heben sich die Fehler in den Partialschätzungen zum Teil auf, zu einem Teil addieren sie sich jedoch. Wie bereits im zweiten Kapitel betont wurde, beeinflussen Fehler in der Lebensdauerverteilung vor allem das Niveau von Ersatzinvestitionen und Kapitalbestand. Einer längeren Lebensdauer entsprechen geringere Ersatzinvestitionen, gleichzeitig jedoch ein höherer Kapitalbestand, der bei gleicher prozentualer Zunahme höhere Nettoinvestitionen impliziert. Wie Tabelle 14, in Spalte 5, zeigt, heben sich diese Abweichungen der Netto- und Ersatzinvestitionen bei unterschiedlichen Lebensdauerverteilungen wegen der Symmetrie der Berechnungen in den Bruttoinvestitionen weitgehend auf. Mögliche Fehler in der Lebensdauerverteilung beeinflussen also in erster Linie die A u f t e i l u n g der Bruttoinvestitionen in Netto- und Ersatzinvestitionen, weniger hingegen die H ö h e der Bruttoinvestitionen[14].

Im Gegensatz zu den Fehlern in der Lebensdauerverteilung kann eine Vereinfachung der Berechnungen durch die Wahl einer durchschnittlichen Lebensdauer zu erheblichen Veränderungen der Bruttoinvestitionsschätzungen führen (Spalte 3). Schätzfehler können sowohl auf Unsicherheiten in der Prognose der Ersatzinvestitionen als auch auf Instabilitäten bei der Nettoinvestitionsschätzung zurückzuführen sein. Im vorliegenden Fall sind es vor allem die Nettoinvestitionen, die auf einer unsicheren Basis beruhen, während die Ersatzinvestitionen relativ stabil sind, da sich im Prognosezeitraum die stetige Aufwärtsentwicklung der Bruttoinvestitionen der fünfziger Jahre auswirkt.

C. Der Einfluß der Anwendung von Näherungsverfahren auf die Investitionsvorausschätzungen

Die Anwendung von Näherungsverfahren bei quantitativen Berechnungen ist oft unumgänglich. Dies trifft auch, wie bereits weiter oben angedeutet wurde, auf die Investitionsschätzungen des Maschinenbaus der Jahre 1967 bis 1970 zu. Dem Modell entsprechend erfolgte die Projektion der Bruttoinvestitionen auf dem Wege einer getrennten Schätzung von Netto- und Ersatzinvestitionen. Die Schätzung der Ersatzinvestitionen konnte jedoch für die letzten Jahre nicht ohne bestimmte Annahmen über die zukünftigen Bruttoinvestitionen vorgenommen werden, da aufgrund der Lebensdauerannahmen bereits im Projektionszeitraum Teile der noch zu schätzenden Bruttoinvestitionen aus

---

[14] Die in den letzten Jahren der Projektionsperiode sich vergrößernde Differenz zwischen den Schätzergebnissen ist nicht — wie im folgenden Abschnitt noch zu zeigen sein wird — auf Fehler im Lebensdaueransatz, sondern auf die Anwendung eines Näherungsverfahrens bei der Schätzung der Ersatzinvestitionen zurückzuführen.

dem Produktionsprozeß ausscheiden. Die Schätzung der Bruttoinvestitionen wird also nicht nur ex definitione von der Schätzung der Ersatzinvestitionen beeinflußt, sondern determiniert auch ihrerseits, wenngleich nur zu einem Bruchteil, die Schätzung der Ersatzinvestitionen (vgl. Tabelle A 4). Durch diese gegenseitige Abhängigkeit läßt sich die Projektion der Bruttoinvestitionen nur schrittweise lösen. Wie folgende formale Darstellung der Schätzung zeigt, hängt die Genauigkeit der Projektionsergebnisse bei Abbruch der Schätzungen nach dem ersten Schritt[15] von drei Faktoren ab: der Form der Lebensdauerverteilung, der Treffsicherheit der „freien" Schätzung der Bruttoinvestitionen und der Länge des Projektionszeitraumes.

$$I_{67}^{\text{Ersatz}} = \sum_{k,j} b_k \cdot I_j^{\text{Brutto}} + b_1 \cdot I_{66}^*;$$

$$I_{70}^{\text{Ersatz}} = \sum_{k,j} b_k \cdot I_j^{\text{Brutto}} + b_1 \cdot I_{69}^* + b_2 \cdot I_{68}^* + b_3 \cdot I_{67}^* + b_4 \cdot I_{66}^*.$$

Es bedeuten:

I^* = vorläufig geschätzte Bruttoinvestitionen,
b_k = Anteil der Investitionen des Jahres j, der am Ende des Jahres k aus dem Produktionsprozeß ausscheidet,
k = $L_m, L_m-1 \ldots 1$,
j = $i - L_m \ldots 1965$,
i = Jahr, für das die Ersatzinvestitionen geschätzt werden.

Offensichtlich ist der Schätzfehler in den Werten für das Jahr 1967 geringer als für das Endjahr 1970, da für 1967 nur ein Investitionsjahrgang, für 1970 hingegen vier Investitionsjahrgänge „frei" geschätzt werden müssen. Ebenfalls sind bei Unterstellung der Lebensdauerverteilung II geringere Abweichungen von den tatsächlichen Werten (in den ersten Lebensjahren gilt: $b_k^{II} < b_k^{I}$) zu erwarten als bei Annahme der Lebensdauerverteilung I.

Eine Quantifizierung der Fehler in den Bruttoinvestitionen, die mit einer abgebrochenen Iteration bei der Schätzung der Ersatzinvestitionen verbunden sind, zeigt Tabelle 15. Die Brutto- und Ersatzinvestitionen der Jahre 1967 bis 1970 wurden, ausgehend von den für 1966 endgültig geschätzten Bruttoinvestitionen[16], für jedes folgende Jahr sukzessiv neu errechnet.

Diese Rechnung[17] bestätigt gleichzeitig die weiter oben aufgestellte Behauptung, daß eine Änderung der Lebensdauerverteilung zwar die Aufteilung der Bruttoinvestitionen in Netto- und Ersatzinvestitionen stark beeinflußt, nicht hingegen die Höhe der Bruttoinvestitionen. Die Abweichungen der Investi-

---

[15] Die Zuwachsrate der Bruttoinvestitionen wurde für die Jahre 1966–1970 mit 3 vH „frei" vorgegeben. Aufgrund dieser Daten wurden anschließend die von diesen Investitionsjahrgängen ausscheidenden Anteile berechnet.
[16] In die Ersatzinvestitionen des Jahres 1966 gehen aufgrund des gewählten Ansatzes nur bekannte Investitionsdaten bis zum Jahre 1965 einschließlich ein.
[17] Vgl. die letzte Spalte der Tabelle 15.

Tabelle 15: **Endgültige Schätzung der Bruttoinvestitionen im Maschinenbau 1967 bis 1970 (Bundesgebiet)**

Jahr	Verteilung I			Verteilung II			
	Bruttoinvestitionen in Mill. DM		Veränderung in vH	Bruttoinvestitionen in Mill. DM		Veränderung in vH	Abweichung der endgültigen Schätzung in vH
	vorläufige Schätzung	endgültige Schätzung		vorläufige Schätzung	endgültige Schätzung		
1967	2 598,3	2 609,8	+ 0,4	2 591,3	2 595,2	+ 0,2	− 0,6
1968	2 759,4	2 796,5	+ 1,3	2 785,5	2 797,0	+ 0,4	0,0
1969	2 919,5	2 995,9	+ 2,6	2 987,1	3 000,3	+ 0,5	+ 0,1
1970	3 018,3	3 150,0	+ 4,4	3 117,0	3 157,9	+ 1,3	+ 0,3

Eigene Berechnungen.

tionsschätzungen bei alternativer Wahl der Lebensdauerverteilungen I und II als Lebensdaueransatz sind, unter Berücksichtigung der zahlreichen Rechengänge und Rundungen, unwesentlich.

D. Der Einfluß von Rundungsfehlern auf die Investitionsvorausschätzungen

Morgenstern bezeichnet Rundungsfehler als die „natürlichen Grenzen der Berechnung"[18], da kein Rechenverfahren oder Rechengerät die einschlägigen Grundrechenarten genau und fehlerfrei durchführen kann. Doch nicht nur die technischen Grenzen von Rechengeräten verursachen Rundungsfehler. Oft müssen diese bewußt aus Gründen der Zeitersparnis in Kauf genommen werden, da eine Rechnung mit mehreren Dezimalstellen einen erheblichen Arbeitsmehraufwand erfordert. Zudem wird die Beschränkung auf nur wenige Dezimalstellen oft durch die Fehlerhaftigkeit der Ausgangsdaten erzwungen, da sonst eine nicht vorhandene Genauigkeit vorgetäuscht würde. Die letzten zwei Gründe gelten auch für die vorliegende Studie.

Bei dem Umfang der für die Investitionsvorausschätzungen notwendigen Berechnungen ist es jedoch hier nicht möglich, den Fehlerbereich, der durch Rundungen entsteht, zu quantifizieren. Es soll vielmehr an dieser Stelle lediglich auf einen Abschnitt des Modells hingewiesen werden, in dem sich die vom Ausgangsmaterial her gebotenen Rundungen auf das angestrebte Ergebnis nachteilig auswirken. Die für die Kapitalbestandsrechnung notwendigen Schätzungen lassen für den Kapitalkoeffizienten vom Material her keine Genauigkeit in der dritten oder vierten Dezimalstelle zu. Andererseits ist es bei einer Beschränkung auf etwa zwei Dezimalstellen nicht möglich, die nur langsam und stetig vor sich gehende Veränderung des Kapitalkoeffizienten quantitativ widerzuspiegeln. Die jährlichen Veränderungen im Kapitalkoeffizienten würden sich nur in den nicht ausgewiesenen Dezimalstellen auswirken und damit nur in größeren Zeitabständen zu einer Änderung der zweiten Stelle führen. Hierdurch würde die Entwicklung des Kapitalkoeffizienten Sprünge aufweisen, die nicht auf einer abrupten Änderung der Input-Output-Relationen beruhen, sondern rein rechnerisch bedingt sind. Die ex post-Analyse wird hierdurch erheblich erschwert, zumal sich im konkreten Falle ökonomische und rechnerische Unstetigkeiten in der Entwicklung nicht unterscheiden lassen.

Auch die Vorausschätzung des Kapitalkoeffizienten weist bei nur geringer Stellenzahl in der Regel Sprünge in der Entwicklung auf, die sich in der Projektion der Nettoinvestitionen niederschlagen. Es wird dann nicht nur die im Modell angestrebte Trendkomponente, sondern auch der rechnerische Fehler vorausgeschätzt. Um diesen aus den Investitionsschätzungen auszuschalten — und nicht, um eine nicht vorhandene Genauigkeit vorzutäuschen —, wurden in dieser Untersuchung alle Koeffizienten mit vier Dezimalstellen errechnet.

---

[18] O. Morgenstern, a.a.O., S. 106.

Schlußbetrachtung

Abschließend stellt sich nun die Frage, ob das dargestellte Investitionsprognosemodell tatsächlich zu einer Lösung des Prognoseproblems führt, wie dies in der Einleitung angedeutet wurde, oder ob die Sensitivität des Modells bei dem im allgemeinen zur Verfügung stehenden statistischen Material zu groß ist. Die Beantwortung dieser Frage ist nicht nur von theoretischem, sondern auch von praktischem Interesse. Wie im dritten Kapitel der vorangegangenen Untersuchung gezeigt werden konnte, ist insbesondere zwei der möglichen Fehlerquellen eine zentrale Rolle für die Aussagefähigkeit der Prognoseergebnisse beizumessen:

(1) Kapitalkoeffizient und Nettoproduktion sind in ihrer Entwicklung zumeist nicht unabhängig voneinander, sondern durch eine negative Korrelation miteinander verknüpft. Zum Teil beruht dieser negative Zusammenhang der Veränderungsraten auf dem noch ungelösten „Auslastungsproblem". Die negative Korrelation kann jedoch auch tiefere, ökonomische Ursachen zum Ausdruck bringen, da in der Regel die Expansion der Nachfrage Rückwirkungen auf die Produktionstechnik zeigt.

Der Funktionalzusammenhang zwischen den Veränderungen von Kapitalkoeffizient und Nettoproduktion wird damit zum **Kernproblem der Nettoinvestitionsschätzungen**. Dieses Problem besteht unabhängig davon, ob — wie hier — die Nettoproduktion nur alternativ in ihrer Entwicklung „frei" vorgegeben wird, oder ob diese aufgrund einer Nachfrageanalyse unabhängig vom Kapitalkoeffizienten geschätzt wird. In jedem Falle ist der Funktionalzusammenhang zwischen den Veränderungen von Kapitalkoeffizient und Nettoproduktion bei Vorausschätzungen zu beachten, wenn diese der Erfahrung der Vergangenheit nicht widersprechen sollen.

Damit hängt die Zuverlässigkeit der Nettoinvestitionsschätzungen weitgehend von den Möglichkeiten einer Quantifizierung dieses Funktionalzusammenhanges und seiner zeitlichen Konstanz ab. Nur unter diesen Voraussetzungen läßt sich die Entwicklung von Kapitalkoeffizient und Nettoproduktion, die gemeinsam über den Verlauf der künftigen Nettoinvestitionen entscheiden, konsistent schätzen.

Die genannten Voraussetzungen sind in der hier vorgelegten Untersuchung für den Maschinenbau insgesamt zum größten Teil erfüllt, so daß den Schätzwerten der Nettoinvestitionen im Maschinenbau ein hoher Wahrscheinlichkeitsgrad zugesprochen werden kann.

Sollen indessen mit Hilfe des Kapitalkoeffizienten und einer „freien" Vorgabe der Nettoproduktion die Nettoinvestitionen der einzelnen Fachzweige des Maschinenbaus geschätzt werden, so nimmt der Unsicherheitsgrad zu, da bei starker Disaggregation keine signifikanten Beziehungen zwischen der Entwicklung von Nettoproduktion und Kapitalkoeffizient festzustellen sind.

(2) Eine weitere wichtige Fehlerquelle für die Projektion liegt im Lebensdaueransatz. Dieses Problem kann nur durch eine Vermehrung und Verbesserung der Lebensdauerangaben für einzelne Investitionsgüterarten und deren Anteil am jeweiligen Investitionsjahrgang gelöst werden. Rechnungen mit einer durchschnittlichen Lebensdauer sind in der Regel mit sehr großen Unsicherheiten behaftet, da sie zu sehr die Investitionsschwankungen der Vergangenheit widerspiegeln.

Die Verwendung von Lebensdauerverteilungen in den Investitionsprognosen ist unter dem Gesichtspunkt der Genauigkeit der Vorausschätzungen unterschiedlich zu beurteilen, je nachdem, ob die Bruttoinvestitionen insgesamt oder nur ein Teil derselben, also Netto- oder Ersatzinvestitionen, zu projizieren sind.

Das Beispiel des Maschinenbaus verdeutlicht, daß Fehler in der Lebensdauerverteilung in erster Linie die Zusammensetzung der zukünftigen Bruttoinvestitionen nach Netto- und Ersatzinvestitionen beeinflussen, nicht hingegen ihre Gesamthöhe. Die **Schätzung der Bruttoinvestitionen** mit Hilfe des dargestellten Modells erweist sich somit gegenüber der Wahl der Lebensdauerverteilung als stabil.

Um so wichtiger ist es jedoch, dieser Frage nachzugehen, wenn nicht die Bruttoinvestitionen in ihrer Gesamthöhe, sondern in ihrer **Aufteilung in Netto- und Ersatzinvestitionen** interessieren. Von praktischer Bedeutung ist diese Frage vor allem für stagnierende Branchen, deren Investitionstätigkeit primär in der Erneuerung veralteter Anlagen besteht. Für solche Branchen ist die Investitionsschätzung nahezu identisch mit einer Schätzung der Ersatzinvestitionen. Diese reagieren jedoch im vorgeführten Schätzverfahren sehr empfindlich auf eine Änderung der Lebensdauerverteilung.

Abschließend kann also gesagt werden:

Das dargestellte Investitionsprognosemodell vermag nur unter gewissen Bedingungen das eingangs aufgeworfene Problem der langfristigen Investitionsprognose zufriedenstellend zu lösen. Ob diese Bedingungen jeweils erfüllt sind, kann lediglich aufgrund einer ausführlichen ex post-Analyse festgestellt werden. Die Ergebnisse der vorliegenden Investitionsschätzung für den Maschinenbau dürften verhältnismäßig zuverlässig sein, da dieser Industriezweig nicht zu den stagnierenden oder schrumpfenden Branchen zählt und der in der Vergangenheit bestehende Zusammenhang zwischen Produktion und Kapitalkoeffizient ausreichend bei den Investitionsschätzungen berücksichtigt werden konnte.

Tabellenanhang

Tabelle A 1: Nettoproduktion, Arbeitsvolumen und Kapitalbestand im Maschinenbau 1950 bis 1962 (Bundesgebiet[1]) geglättete Werte

Jahr	Maschinenbau insgesamt	Büromaschinen	Bau- und Baustoffmaschinen	Hebezeuge und Fördermittel	Werkzeugmaschinen	Landmaschinen	davon Nahrungsmittelmaschinen	Textilmaschinen	Kraftmaschinen	Ackerschlepper	Bergwerksmaschinen	Übrige Fachzweige
					Nettoproduktion in Mill. DM							
1950	4 727,0	104,3	160,0	184,9	504,2	363,4	315,6	300,7	221,8	321,5	265,1	1 985,6
1951	5 742,3	136,8	204,2	232,6	645,4	385,6	366,1	355,7	287,5	361,7	311,3	2 455,4
1952	6 684,2	173,4	248,9	283,4	767,3	391,4	409,1	408,6	353,5	408,8	332,7	2 907,1
1953	7 783,7	211,6	313,7	344,6	904,6	416,9	446,3	446,3	410,3	500,2	361,7	3 427,5
1954	8 810,3	247,4	381,8	412,9	1 030,6	444,7	492,7	485,8	453,2	549,2	392,9	3 919,2
1955	9 696,0	289,1	427,5	473,0	1 114,9	471,1	530,8	533,5	488,3	563,5	424,6	4 380,3
1956	10 587,7	331,4	473,2	525,9	1 187,4	526,5	575,2	584,0	534,8	609,1	439,5	4 800,8
1957	11 433,5	371,7	541,5	567,7	1 274,1	586,3	614,5	622,4	574,5	629,5	447,7	5 203,7
1958	12 245,1	437,2	619,4	615,3	1 367,7	637,4	670,8	671,7	609,0	610,3	452,3	5 553,9
1959	13 202,3	513,8	707,4	670,6	1 475,2	693,3	717,3	716,3	634,4	617,7	464,0	5 992,3
1960	14 167,1	620,3	839,6	739,2	1 601,3	724,5	764,6	755,6	651,3	624,5	448,6	6 397,5
1961	15 055,7	714,9	977,4	804,1	1 707,7	752,7	805,9	790,9	651,2	607,3	440,8	6 802,9
1962	16 037,3	825,2	1 104,5	864,2	1 788,3	797,2	842,7	856,7	667,8	609,3	447,8	7 233,6

Arbeitsvolumen in Mill. Std.

Jahr										
1950	1 075,7	35,1	44,2	46,7	95,3	77,2	65,0	64,6	51,0	40,4	47,9	508,4
1951	1 223,4	41,5	51,8	53,5	116,4	82,3	71,3	73,6	64,3	45,5	55,5	567,7
1952	1 377,3	49,4	60,2	61,1	137,4	85,7	77,4	82,8	79,9	49,9	63,2	630,4
1953	1 503,6	57,8	68,3	68,5	157,4	86,1	80,6	89,5	94,6	54,3	68,5	678,0
1954	1 639,4	67,4	75,9	77,9	175,1	89,8	85,7	94,6	106,4	57,5	73,6	735,7
1955	1 718,6	74,8	79,7	84,8	183,0	91,7	89,1	96,8	112,3	57,5	76,5	772,4
1956	1 783,7	81,1	82,9	90,7	188,2	95,0	92,7	98,4	115,6	58,6	78,1	802,5
1957	1 819,9	84,6	86,3	94,6	190,9	98,3	95,1	98,1	115,2	59,2	76,6	820,9
1958	1 883,4	87,9	92,9	99,0	198,8	100,7	98,2	98,0	114,0	58,2	74,5	861,3
1959	1 934,8	90,7	100,3	101,8	204,9	101,8	100,4	98,1	110,9	56,2	71,6	898,1
1960	2 020,9	94,2	111,7	106,8	215,3	104,0	104,2	99,7	108,8	55,9	69,0	951,2
1961	2 100,4	96,8	123,7	112,3	225,3	104,1	107,2	101,3	105,6	55,1	66,0	1 003,1
1962	2 190,2	103,9	136,2	119,2	236,5	105,0	111,3	104,6	104,7	54,3	64,9	1 049,7

Kapitalbestand in Mill. DM

Jahr										
1950	4 412,2	121,9	148,4	199,6	668,0	342,2	192,6	188,6	267,2	213,6	196,5	1 873,7
1951	4 919,7	166,4	167,5	221,4	725,6	365,9	216,5	218,9	287,2	234,7	207,0	2 108,2
1952	5 529,4	220,0	190,8	248,8	796,7	390,4	243,4	252,5	313,0	258,4	218,8	2 396,6
1953	6 212,2	284,5	217,4	279,9	884,7	413,7	270,8	287,1	344,3	288,9	230,9	2 709,8
1954	6 954,7	358,5	247,7	315,2	981,9	439,9	300,3	321,9	381,2	330,1	244,9	3 034,3
1955	7 732,6	439,8	279,3	354,4	1 078,0	469,8	333,5	358,1	421,7	377,6	261,7	3 358,8
1956	8 530,0	526,8	310,1	396,9	1 174,3	502,5	370,5	397,2	465,9	424,8	281,9	3 678,9
1957	9 346,6	610,0	342,1	440,5	1 271,8	541,8	411,4	438,7	513,9	467,3	304,1	4 004,8
1958	10 205,4	679,6	376,8	484,1	1 367,9	589,7	457,3	482,6	563,5	502,2	327,5	4 374,3
1959	11 144,5	738,8	415,8	527,2	1 465,3	642,1	507,7	529,5	613,9	530,9	353,3	4 820,2
1960	12 177,3	788,5	461,6	568,2	1 569,4	698,9	558,9	577,3	667,8	557,3	381,3	5 348,0
1961	13 277,1	830,1	513,8	607,3	1 676,3	759,4	608,4	623,6	723,1	588,3	409,5	5 937,4
1962	14 408,7	876,8	569,9	644,3	1 782,5	818,5	656,1	670,0	773,9	625,8	438,0	6 552,8

Eigene Berechnungen. — [1] Ab 1960 einschließlich Saarland und Berlin (West).

Tabelle A 2: Kapitalkoeffizient, Arbeitskoeffizient und Kapitalintensität im Maschinenbau 1950 bis 1962 (Bundesgebiet[1])

Jahr	Maschi-nenbau insgesamt	Büro-maschi-nen	Bau- und Baustoff-maschi-nen	Hebe-zeuge und Förder-mittel	Werk-zeug-maschi-nen	Land-maschi-nen	Nah-rungs-mittel-maschi-nen	Textil-maschi-nen	Kraft-maschi-nen	Acker-schlep-per	Berg-werks-maschi-nen	Übrige Fach-zweige
						davon						
						Kapitalkoeffizient $\left(\dfrac{K}{P}\right)$						
1950	0,93	1,17	0,94	1,09	1,32	0,94	0,61	0,63	1,20	0,66	0,75	0,95
1951	0,86	1,21	0,82	0,94	1,13	0,95	0,59	0,61	1,00	0,64	0,66	0,86
1952	0,83	1,27	0,77	0,88	1,04	1,00	0,60	0,62	0,89	0,63	0,66	0,82
1953	0,80	1,35	0,70	0,81	0,97	0,99	0,61	0,64	0,84	0,58	0,64	0,80
1954	0,79	1,45	0,65	0,76	0,95	0,99	0,62	0,66	0,84	0,59	0,62	0,77
1955	0,79	1,53	0,65	0,75	0,97	0,95	0,63	0,68	0,86	0,67	0,62	0,76
1956	0,80	1,57	0,63	0,75	0,99	0,92	0,64	0,67	0,87	0,70	0,65	0,77
1957	0,82	1,65	0,61	0,78	1,00	0,93	0,67	0,70	0,89	0,75	0,68	0,77
1958	0,84	1,56	0,58	0,79	1,00	0,92	0,68	0,72	0,92	0,82	0,72	0,79
1959	0,84	1,44	0,55	0,78	0,99	0,93	0,71	0,74	0,96	0,86	0,77	0,80
1960	0,85	1,26	0,52	0,77	0,97	0,96	0,73	0,77	1,02	0,90	0,85	0,84
1961	0,88	1,16	0,52	0,76	0,98	1,02	0,75	0,79	1,11	0,96	0,93	0,87
1962	0,90	1,06	0,52	0,75	1,00	1,03	0,78	0,78	1,16	1,03	0,97	0,90

Arbeitskoeffizient $\left(\dfrac{A}{P}\right)$

Jahr												
1950	0,23	0,34	0,28	0,25	0,19	0,21	0,21	0,23	0,13	0,18	0,26	
1951	0,21	0,30	0,25	0,23	0,18	0,21	0,19	0,22	0,13	0,18	0,23	
1952	0,21	0,28	0,24	0,22	0,18	0,22	0,19	0,23	0,12	0,19	0,21	
1953	0,19	0,27	0,22	0,20	0,17	0,21	0,18	0,23	0,11	0,19	0,20	
1954	0,19	0,27	0,20	0,19	0,16	0,20	0,17	0,23	0,10	0,19	0,19	
1955	0,18	0,26	0,19	0,18	0,16	0,19	0,17	0,23	0,10	0,18	0,18	
1956	0,17	0,24	0,18	0,17	0,15	0,18	0,16	0,22	0,10	0,17	0,17	
1957	0,16	0,23	0,16	0,16	0,15	0,17	0,15	0,20	0,09	0,16	0,16	
1958	0,15	0,20	0,15	0,15	0,14	0,16	0,14	0,19	0,10	0,15	0,15	
1959	0,15	0,18	0,14	0,14	0,13	0,15	0,14	0,17	0,09	0,16	0,15	
1960	0,14	0,15	0,13	0,14	0,13	0,14	0,13	0,17	0,09	0,15	0,15	
1961	0,14	0,14	0,13	0,14	0,13	0,14	0,13	0,16	0,09	0,15	0,15	
1962	0,14	0,13	0,12	0,14	0,13	0,13	0,12	0,16	0,09	0,14	0,15	

Kapitalintensität $\left(\dfrac{K}{A}\right)$

Jahr												
1950	4,10	3,47	3,36	4,27	7,01	4,43	2,96	2,92	5,24	5,29	4,10	3,69
1951	4,02	4,01	3,23	4,14	6,23	4,26	3,05	2,97	4,47	5,17	3,73	3,72
1952	4,02	4,45	3,18	4,07	5,80	4,56	3,15	3,05	3,92	5,19	3,47	3,80
1953	4,13	4,92	3,18	4,09	5,62	4,80	3,36	3,21	3,63	5,32	3,38	3,99
1954	4,24	5,32	3,26	4,05	5,60	4,89	3,50	3,40	3,59	5,74	3,33	4,13
1955	4,49	5,88	3,50	4,17	5,89	5,12	3,74	3,71	3,75	6,56	3,42	4,35
1956	4,78	6,50	3,75	4,37	6,24	5,30	3,99	4,03	4,03	7,25	3,61	4,58
1957	5,14	7,22	3,96	4,66	6,67	5,51	4,33	4,47	4,47	7,90	3,96	4,88
1958	5,42	7,74	4,06	4,89	6,87	5,86	4,66	4,92	4,94	8,64	4,39	5,08
1959	5,76	8,14	4,14	5,18	7,15	6,30	5,06	5,39	5,53	9,45	4,90	5,36
1960	6,03	8,37	4,13	5,32	7,29	6,72	5,36	5,79	6,14	9,97	5,52	5,62
1961	6,32	8,58	4,16	5,38	7,45	7,30	5,67	6,16	6,85	10,67	6,20	5,92
1962	6,58	8,44	4,18	5,40	7,54	7,80	5,89	6,40	7,39	11,52	6,76	6,23

Eigene Berechnungen. — [1] Ab 1960 einschließlich Saarland und Berlin (West).

Tabelle A 3: Schätzung von Kapitalkoeffizient, Arbeitskoeffizient und Kapitalintensität im Maschinenbau 1963 bis 1970 (Bundesgebiet[1])

Jahr	Maschinenbau insgesamt	Büromaschinen	Bau- und Baustoffmaschinen	Hebezeuge und Fördermittel	Werkzeugmaschinen	Landmaschinen	Nahrungsmittelmaschinen	Textilmaschinen	Kraftmaschinen	Ackerschlepper	Bergwerksmaschinen
						Kapitalkoeffizient $\left(\dfrac{K}{P}\right)$					
1963	0,916	1,043	0,498	0,746	0,997	1,029	0,786	0,788	1,200	1,060	1,004
1964	0,936	1,028	0,482	0,746	0,997	1,030	0,794	0,794	1,230	1,084	1,030
1965	0,956	1,014	0,467	0,746	0,997	1,032	0,802	0,799	1,248	1,103	1,054
1966	0,978	1,002	0,454	0,746	0,997	1,035	0,810	0,803	1,263	1,120	1,074
1967	1,001	0,990	0,445	0,746	0,997	1,037	0,818	0,806	1,276	1,135	1,092
1968	1,026	0,978	0,438	0,746	0,997	1,040	0,827	0,808	1,286	1,147	1,107
1969	1,052	0,967	0,433	0,746	0,997	1,043	0,834	0,610	1,294	1,157	1,120
1970	1,081	0,956	0,429	0,746	0,997	1,046	0,841	0,811	1,300	1,166	1,130

Arbeitskoeffizient $\left(\dfrac{A}{P}\right)$

Jahr											
1963	0,134	0,124	0,118	0,137	0,132	0,129	0,130	0,121	0,151	0,088	0,139
1964	0,132	0,121	0,114	0,136	0,132	0,127	0,129	0,120	0,146	0,086	0,134
1965	0,130	0,119	0,110	0,135	0,132	0,125	0,127	0,119	0,141	0,084	0,129
1966	0,128	0,117	0,107	0,134	0,132	0,124	0,127	0,118	0,137	0,083	0,125
1967	0,126	0,115	0,105	0,134	0,132	0,123	0,126	0,117	0,133	0,082	0,121
1968	0,125	0,113	0,103	0,133	0,132	0,122	0,125	0,116	0,129	0,081	0,117
1969	0,124	0,111	0,101	0,133	0,132	0,121	0,124	0,116	0,126	0,080	0,114
1970	0,124	0,109	0,100	0,132	0,131	0,120	0,124	0,115	0,122	0,079	0,110

Kapitalintensität $\left(\dfrac{K}{A}\right)$

Jahr											
1963	6,848	8,492	4,197	5,445	7,546	7,967	6,045	6,516	7,937	12,114	7,222
1964	7,115	8,537	4,214	5,485	7,552	8,125	6,181	6,616	8,419	12,619	7,703
1965	7,386	8,572	4,225	5,518	7,557	8,266	6,302	6,712	8,826	13,069	8,167
1966	7,652	8,617	4,235	5,551	7,563	8,365	6,405	6,803	9,226	13,510	8,609
1967	7,919	8,647	4,246	5,580	7,569	8,453	6,510	6,876	9,616	13,892	9,044
1968	8,189	8,682	4,260	5,609	7,574	8,545	6,617	6,944	9,969	14,231	9,458
1969	8,459	8,731	4,275	5,626	7,580	8,640	6,709	7,000	10,303	14,517	9,867
1970	8,730	8,775	4,290	5,639	7,586	8,738	6,802	7,043	10,621	14,759	10,263

Eigene Berechnungen bei Anwendung von Lebensdauerverteilung I. — [1] Einschließlich Saarland und Berlin (West).

Tabelle A 4: Schätzung der Ersatzinvestitionen des Maschinenbaus für die Jahre 1963 bis 1970 (Bundesgebiet[1])
in Tausend DM

Jahr	Ersatz-investitionen insgesamt	davon		
		Ersatz-investitionen A [2]	Ersatzinvestitionen B [3]	
			absolut	in vH von insgesamt
Werkzeuge etc.				
1963	338 280,0	338 280,0	—	—
1964	372 512,0	372 512,0	—	—
1965	409 456,0	409 456,0	—	—
1966	440 716,0	440 716,0	—	—
1967	465 428,0	445 732,0	19 696,0	4,2
1968	480 792,0	421 112,0	59 680,0	12,4
1969	487 996,0	367 436,0	120 560,0	24,7
1970	492 168,0	289 204,0	202 964,0	41,2
Maschinen				
1963	287 136,3	287 136,3	—	—
1964	358 442,4	358 442,4	—	—
1965	396 588,1	396 588,1	—	—
1966	423 556,4	423 556,4	—	—
1967	452 843,1	444 939,1	7 904,0	1,7
1968	479 089,5	454 350,1	24 739,4	5,2
1969	509 746,3	464 505,2	45 241,1	8,9
1970	541 071,7	470 761,7	70 310,0	13,0
Bauten				
1963	28 789,8	28 789,8	—	—
1964	29 227,8	29 227,8	—	—
1965	29 630,4	29 630,4	—	—
1966	29 659,9	29 659,9	—	—
1967	29 961,5	29 961,5	—	—
1968	30 050,6	30 050,6	—	—
1969	30 396,3	30 396,3	—	—
1970	31 220,9	31 220,9	—	—
Σ Werkzeuge, Maschinen, Bauten				
1963	654 206,1	654 206,1	—	—
1964	760 182,2	760 182,2	—	—
1965	835 674,5	835 674,5	—	—
1966	893 932,3	893 932,3	—	—
1967	948 232,6	920 632,6	27 600,0	2,9
1968	989 932,1	905 512,7	84 419,4	8,5
1969	1 028 138,6	862 337,5	165 801,1	16,1
1970	1 064 460,6	791 186,6	248 205,1	23,3

Eigene Berechnungen. — [1] Einschließlich Saarland und Berlin (West). — [2] Diese Ersatzinvestitionen entsprechen den ausscheidenden Anlagen der bekannten Bruttoinvestitionen bis 1965. — [3] Diese Ersatzinvestitionen entsprechen den ausscheidenden Anlagen der geschätzten Bruttoinvestitionen der Jahre 1966 bis 1969.

Tabelle A 5: Schätzung der Ersatzinvestitionen der Fachzweige des Maschinenbaus für die Jahre 1963 bis 1970 (Bundesgebiet[1])
in Tausend DM

Jahr	Büro-maschinen	Bau- und Baustoff-maschinen	Hebe-zeuge und Förder-mittel	Werk-zeug-maschinen	Land-maschinen	Nahrungs-mittel-maschinen	Textil-maschinen	Kraft-maschinen	Acker-schlepper	Bergwerks-maschinen
1963	54 732,3	23 467,5	30 594,5	79 229,4	38 905,6	28 425,6	28 453,4	36 451,2	32 511,1	17 876,1
1964	56 832,0	27 214,3	32 868,5	86 535,9	44 100,3	32 048,4	31 742,7	40 942,0	37 012,6	20 670,4
1965	61 346,5	31 055,3	34 896,4	93 248,6	49 692,5	34 951,1	34 790,5	44 684,7	42 277,8	23 042,5
1966	66 405,5	34 325,2	36 903,3	98 522,4	53 085,6	37 104,5	37 502,0	47 086,5	51 305,9	24 700,6
1967	73 322,1	37 117,3	37 969,8	102 671,9	57 385,7	39 027,7	39 759,4	49 023,0	62 826,0	26 141,6
1968	82 641,3	39 134,7	39 500,7	105 606,2	61 507,8	40 905,5	42 274,8	50 939,7	70 054,7	27 335,7
1969	93 226,0	40 822,1	40 276,3	107 930,2	67 042,6	43 007,3	45 042,4	53 030,9	87 874,2	28 288,8
1970	104 121,1	42 479,5	41 113,3	110 168,5	72 681,1	45 129,0	47 405,1	54 876,5	98 824,4	29 619,8

Eigene Berechnungen. — [1] Einschließlich Saarland und Berlin (West).

Literaturverzeichnis

Beckerman, W. and Associates: The British Economy in 1975. Cambridge 1965

Bombach, Gottfried: Quantitative und monetäre Aspekte des Wirtschaftswachstums. In: Finanz- und währungspolitische Bedingungen stetigen Wirtschaftswachstums. Hrsg. von Walter G. Hoffmann. (Schriften des Vereins für Socialpolitik, Gesellschaft für Wirtschafts- und Sozialwissenschaften, N. F. Bd. 15.) Berlin 1959

Bonhoeffer, Friedrich-Otto und Wolf-Rüdiger Streck: Der Investitionstest des Ifo-Instituts — Ein Überblick über Entwicklung und heutigen Stand. „Ifo-Studien", Berlin - München, 12. Jg. (1966), S. 43–108

Der Bundesminister der Finanzen: Afa-Lexikon. 2. Aufl., Heidelberg 1964

Deneffe, Peter J.: Das Problem der Berücksichtigung qualitativer Veränderungen im Rahmen der Preisstatistik. „Allgemeines Statistisches Archiv", München, Bd. 42 (1958), S. 346–353

Denison, Edward F.: Theoretical Aspects of Quality Change, Capital Consumption and Net Capital Formation. In: Problems of Capital Formation; Concepts, Measurement, and Controlling Factors. (Studies in Income and Wealth, Hrsg. National Bureau of Economic Research, Vol. 19.) Princeton 1957

Fabricant, Solomon: Employment in Manufacturing 1899–1939. New York 1942

Fisher, Ronald A.: Statistische Methoden für die Wissenschaft. 12. neu bearb. u. erw. Auflage, einzige autorisierte Übertragung ins Deutsche von Dora Lucka. Edinburgh - London 1956

Gavett, Thomas W.: Quality and a Pure Price Index — A Survey of the Problems Encountered in Accommodating Measures of Quality Change when Computing Pure Price Indexes. „Monthly Labour Review", Washington, Vol. 90 (1967), H. 3, S. 16–20

Giersch, Herbert: Allgemeine Wirtschaftspolitik. Bd. I: Grundlagen. (Die Wirtschaftswissenschaften, Hrsg. E. Gutenberg, Reihe B: Volkswirtschaftslehre, Nr. 9.) Wiesbaden 1960

Grosse, Robert N.: Replacement Expenditures in the Interindustry Framework. Hrsg. Bureau of the Budget. o. O., Nov. 1951

Grosse, Robert N. and Edward B. Berman: The Replacement of Producer Durables. Hrsg. Bureau of the Budget. o. O., April 1952, Vol. I and September 1952, Vol. II

Gutenberg, Erich: Grundlagen der Betriebswirtschaftslehre. Erster Band: Die Produktion. 8./9. Auflage, Berlin - Göttingen - Heidelberg 1963

Habakkuk, A.: American and British Technology in the Nineteenth Century. Cambridge 1962

Harmssen, Gustav W.: Reparationen, Sozialprodukt, Lebensstandard. 6 Jahre Reparationspolitik. Bremen 1948, H. 3

— Am Abend der Demontage. Versuch einer Wirtschaftsbilanz. Bremen 1951

Hegner, Klaus: Wo steht die deutsche Büromaschinenindustrie? Die wirtschaftliche Struktur und Entwicklung. „Industriekurier", Nr. 66 vom 30. 4. 1966, Sonderbeilage

Hood, Wm. C. and Anthony Scott: Output, Labour, and Capital in the Canadian Economy. (Hrsg. Royal Commission on Canada's Economic Prospects.) Ottawa (?) 1957

Kosiol, Erich: Anlagenrechnung, Theorie und Praxis der Abschreibungen. Wiesbaden 1955

Krelle, Wilhelm: Prognose der Anlageinvestition. In: Wirtschaftskreislauf und Wirtschaftswachstum. Carl Föhl zum 65. Geburtstag. Hrsg. von E. Schneider. Tübingen 1966

– Verteilungstheorie. Tübingen 1962

Krengel, Rolf: Anlagevermögen, Produktion und Beschäftigung der Industrie im Gebiet der Bundesrepublik von 1924 bis 1956. (Sonderhefte des Deutschen Instituts für Wirtschaftsforschung, N. F. Nr. 24.) Berlin 1958

– Die Anlageinvestitionen der Industrie, insbesondere der Investitionsgüterindustrien, in der Bundesrepublik seit der Währungsreform. „Vierteljahreshefte zur Wirtschaftsforschung", Berlin, Jg. 1955, S. 339–359

Kuhlo, Karl Christian: Die Wachstumsprognose, insbesondere auch die Prognose der Produktivitätsentwicklung. In: Diagnose und Prognose als wirtschaftswissenschaftliche Methodenprobleme. Hrsg. von H. Giersch und K. Borchardt. (Schriften des Vereins für Socialpolitik, Gesellschaft für Wirtschafts- und Sozialwissenschaften, N. F. Bd. 25.) Berlin 1962

Machinery and Allied Products Institute: „Capital Goods Review", Chicago, May 1953

Maddison, Angus: Productivity in an Expanding Economy. „The Economic Journal", London, Bd. 62 (1952), S. 584–594

Morgenstern, Oskar: Über die Genauigkeit wirtschaftlicher Beobachtungen. 2. verb. u. erw. Auflage, Wien - Würzburg 1965

von Neumann, John and H. H. Goldstine: Numerical Inverting of Matrices of High Order. „Bulletin of the American Mathematical Society", Bd. 53 (1947), S. 1021–1099

Okun, A. M.: Potential GNP: Its Measurement and Significance. Reprinted from the 1962 Proceedings of the Business and Economic Statistics Section of the American Statistical Association, o. O., o. J.

Ott, Alfred E.: Preistheorie. (Kompendium der Volkswirtschaftslehre. Hrsg. von W. Ehrlicher, J. Esenwein-Rothe, H. Jürgensen und K. Rose, Bd. 1.) Göttingen 1967, S. 120–188

– Art. Technischer Fortschritt. Handwörterbuch der Sozialwissenschaften, Bd. 10, Stuttgart - Tübingen - Göttingen 1959

Reitschuler, Siegfried: Die Stellung der Maschinenindustrie im Prozeß der Industrialisierung. Köln - Opladen 1963

Reuss, Gerhart E.: Produktivitätsanalyse. Ökonomische Grundlagen und Statistische Methodik. (Veröffentlichungen der List Gesellschaft, Hrsg. E. v. Beckerath und E. Salin, Reihe B, Bd. 17.) Basel und Tübingen 1960

Riebel, Paul: Industrielle Erzeugungsverfahren in betriebswirtschaftlicher Sicht. (Die Wirtschaftswissenschaften, Hrsg. E. Gutenberg, Reihe A: Betriebswirtschaftslehre, Nr. 12.) Wiesbaden 1963

Riese, Hajo: Strukturprobleme des wirtschaftlichen Wachstums. Kieler Dissertation 1959

Schönfeld, Peter: Probleme und Verfahren der Messung der Kapazität und des Auslastungsgrades. „Zeitschrift für die gesamte Staatswissenschaft", Tübingen, Bd. 123 (1967), S. 25–59

Selve, Heinz Emil: Strukturwandlungen der westdeutschen Maschinenindustrie der Nachkriegszeit. Kölner Dissertation 1957

Statistisches Bundesamt: Statistisches Jahrbuch für die Bundesrepublik Deutschland 1965. Stuttgart und Mainz 1965.

Stürmer, Wilhelmine: Der Lebensdaueransatz in der Kapitalbestandsrechnung. Eine kritische Würdigung der Kumulationsmethode. „Mitteilungen des Rheinisch-Westfälischen Instituts für Wirtschaftsforschung", Berlin, Jg. 18 (1967), S. 25—38

Teitelbaum, Perry D.: Estimating Replacement Requirements for Producers' Durable Goods. Hrsg. Bureau of Mines, Interindustry Analyses Branch, Item 30, processed, August 1953

Walter, Helmut: Technischer Fortschritt und Faktorsubstitution. „Jahrbücher für Nationalökonomie und Statistik", Stuttgart, Bd. 175 (1963), S. 97—114

Werner, Kurt: Zum Begriff des Nettoproduktionswertes in der Wirtschaftsstatistik. „Allgemeines Statistisches Archiv", München, Bd. 44 (1960), S. 27—34

Tabelle 10: Ausgangsdaten und Ergebnisse de

Fachzweige	Stellung der Fachzweige im gesamten Maschinenbau		Koeffizientennivea			
	Wachstumskoeffizient Gesamter Maschinenbau = 1	Anteil an der Nettoproduktion in vH Gesamter Maschinenbau = 100	Relatives Koeffizientenniveau Ges. Maschinenbau = 1			Mögliche Einflüß
			$\frac{K}{A}$	$\frac{K}{P}$	$\frac{A}{P}$	
	1	2	3			4
Büromaschinen	1,7	4,4	1,4	1,5	1,1	überd. Anteil d. Großbe überd. Wettbewerbsinte überd. Mechanisierung überd. Präzision
Bau- und Baustoffmaschinen	1,6	5,9	0,7	0,7	0,9	überd. Anteil d. Großbe unterd. Wettbewerbsint überd. Mechanisierung unterd. Präzision
Hebezeuge und Fördermittel	1,1	5,2	0,9	0,9	1,0	Betriebsgrößenstruktur unterd. Wettbewerbsint durchschn. Mechanisie Präzisionsgrad untersc
Werkzeugmaschinen	1,0	11,3	1,2	1,1	0,9	durchschn. Anteil d. Gr überd. Wettbewerbsinte unterd. Mechanisierung überd. Präzision
Landmaschinen	1,0	5,1	1,1	1,1	1,0	durchschn. Anteil d. Gr unterd. Wettbewerbsint durchschn. Mechanisie Präzisionsgrad untersc
Nahrungsmittelmaschinen	1,0	5,4	0,9	0,9	1,0	unterd. Anteil der Groß durchschn. Wettbewerb unterd. Mechanisierung unterd. Präzision
Textilmaschinen	1,0	5,3	1,0	0,9	0,9	überd. Anteil d. Großbe überd. Wettbewerbsinte durchschn. Mechanisie Präzisionsgrad untersc
Kraftmaschinen	0,8	4,6	1,0	1,2	1,2	Betriebsgrößenstruktur durchschn. Wettbewerb überd. Mechanisierung überd. Präzision
Ackerschlepper	0,7	4,4	1,7	1,1	0,6	überd. Anteil d. Großbe unterd. Wettbewerbsint überd. Mechanisierung durchschn. Präzision
Bergwerksmaschinen	0,6	3,2	0,9	1,0	1,1	Betriebsgrößenstruktur unterd. Wettbewerbsint durchschn. Mechanisie unterd. Präzision
Alle zehn Fachzweige	1,0	54,8	1,1	1,0	0,9	

Eigene Berechnungen.

der Querschnittsanalyse der Fachzweige

...au (1960)				Koeffizientenentwicklung (1955 bis 1962)						
Bfaktoren	Einflußrichtung			Relative Koeffizientenentwickl. Ges. Maschinenbau = 1			Mögliche Einflußfaktoren	Einflußrichtung		
	$\frac{K}{A}$	$\frac{K}{P}$	$\frac{A}{P}$	$\frac{K}{A}$	$\frac{K}{P}$	$\frac{A}{P}$		$\frac{K}{A}$	$\frac{K}{P}$	$\frac{A}{P}$
	5			6			7	8		
)etriebe ıtensität gsgrad	+ + + +	– – – +	– – – +	1,0	0,6–	0,6	überd. Betriebsgrößenkonzentr. überd. Wettbewerbsdruck wachs. Nutz. d. Datenverarb.-Kapazität überd. techn. Fortschritt	+ + – +	– – – –	– – – –
)etriebe ntensität gsgrad	+ – + –	– + – –	– + – –	0,8	0,7–	0,8	durchschn. Betriebsgrößenkonzentr. unterd. Wettbewerbsdruck Zunahme des Mechanisierungsgrad. überd. techn. Fortschritt	– + +	+ – –	+ – –
ır unbekannt ntensität erungsgrad :hiedlich	–	+	+	0,9	0,9	1,0	– unterd. Wettbewerbsdruck Zunahme des Mechanisierungsgrad. durchschn. techn. Fortschritt	– +	+ –	+ –
iroßbetriebe ıtensität ıgsgrad	+ – +	– + +	– + +	0,9	0,9	1,0	unterd. Betriebsgrößenkonzentr. überd. Wettbewerbsdruck Zunahme der Präzision durchschn. techn. Fortschritt	– + + +	+ – + +	+ – + +
iroßbetriebe ntensität erungsgrad :hiedlich	–	+.	+	1,0	0,9	0,9	leicht überd. Betriebsgr.-Konzentr. unterd. Wettbewerbsdruck Zunahme des Mechanisierungsgrad. durchschn. techn. Fortschritt	+ – +	– + –	– + –
ıßbetriebe rbsintensität ıgsgrad	– – –	+ + –	+ + –	1,1	1,1	1,0	– durchschn. Wettbewerbsdruck Zunahme des Mechanisierungsgrad. durchschn. techn. Fortschritt	+	–	–
)etriebe ıtensität erungsgrad :hiedlich	+ +	– –	– –	1,2	1,0	0,9	leicht überd. Betriebsgr.-Konzentr. überd. Wettbewerbsdruck Zunahme konstruktiver Tätigkeit durchschn. techn. Fortschritt	+ + –	– – 	– – +
ır unbekannt rbsintensität gsgrad	+ +	– +	– +	1,3	1,2	0,9	Ausscheiden zahlr. Betriebe durchschn. Wettbewerbsdruck abnehmende Kapazitätsauslastung durchschn. techn. Fortschritt	+ +	– +	– +
)etriebe ntensität gsgrad	+ – +	– + –	– + –	1,2	1,4	1,2	überd. Betriebsgrößenkonzentr. unterd. Wettbewerbsdruck abnehmende Kapazitätsauslastung unterd. techn. Fortschritt	+ – + +	– + + +	– + + +
ır unbekannt ntensität erungsgrad	– –	+ –	+ –	1,4	1,4	1,0	Ausscheiden zahlr. Betriebe unterd. Wettbewerbsdruck abnehmende Kapazitätsauslastung unterd. techn. Fortschritt	+ – + –	– + + +	– + + +
				1,0	1,0	0,9				

Tabelle online abrufbar unter: https://www.duncker-humblot.de/9783428022052_Tabelle

Printed by Libri Plureos GmbH
in Hamburg, Germany